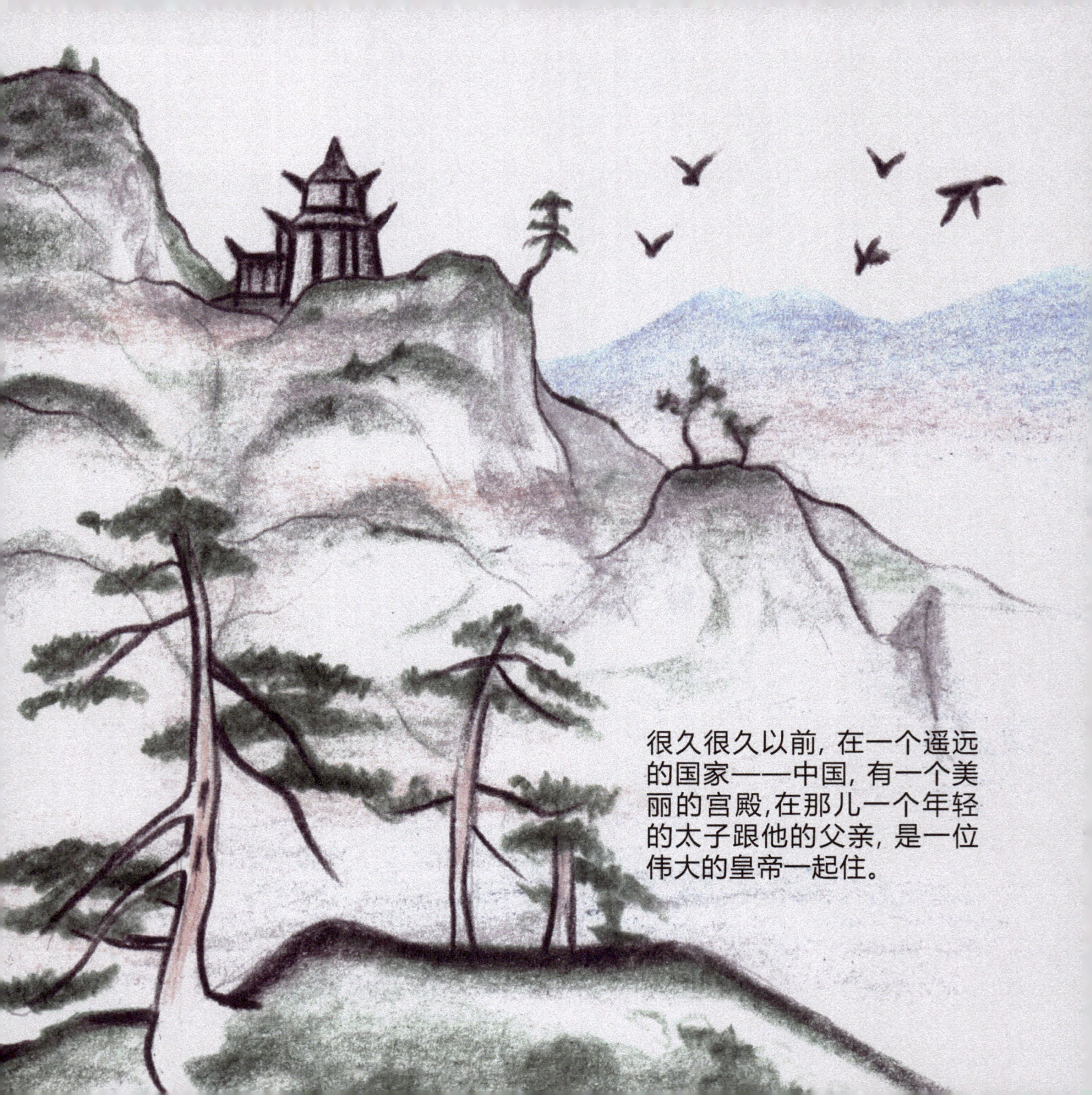

很久很久以前，在一个遥远的国家——中国，有一个美丽的宫殿，在那儿一个年轻的太子跟他的父亲，是一位伟大的皇帝一起住。

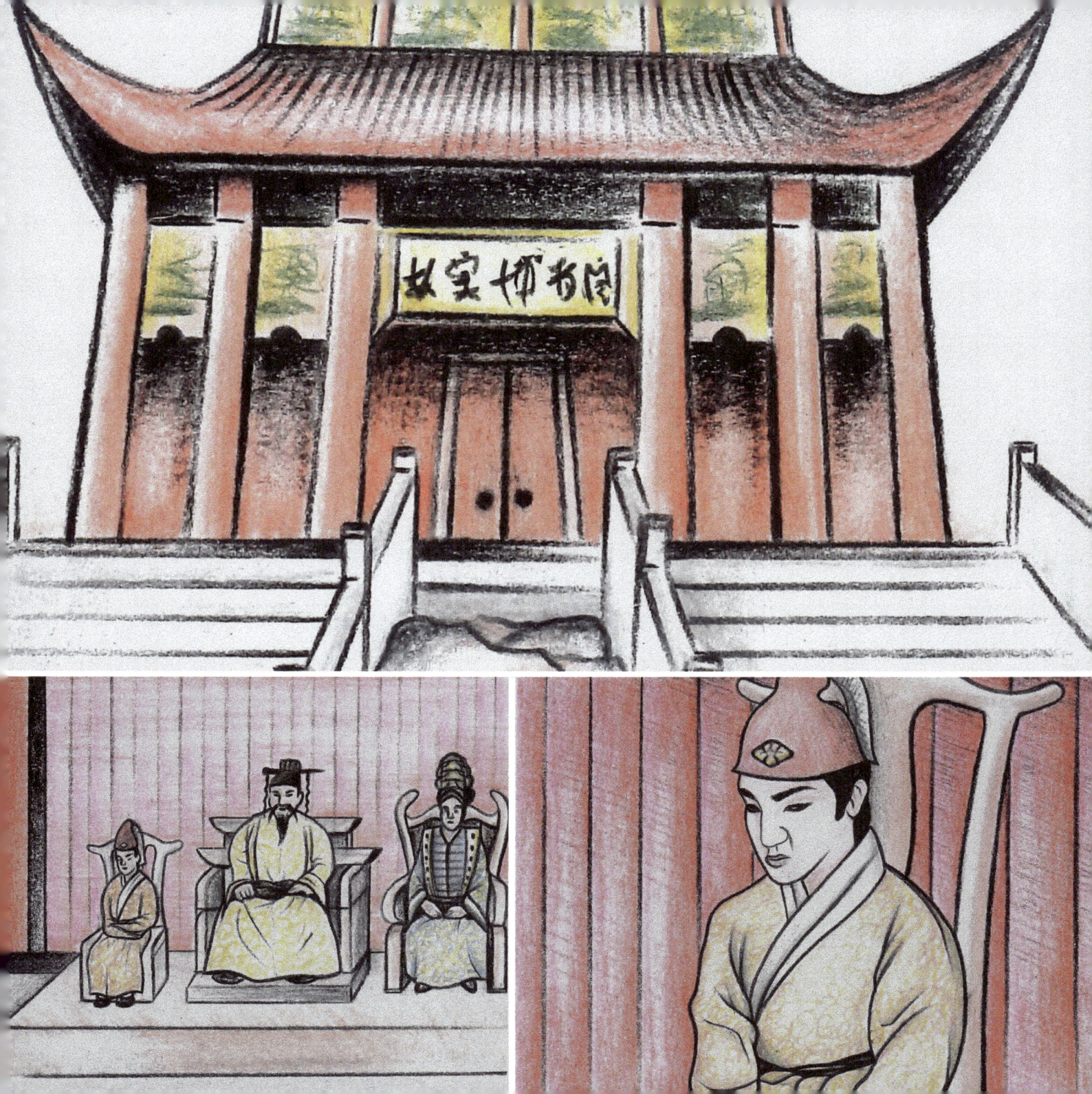

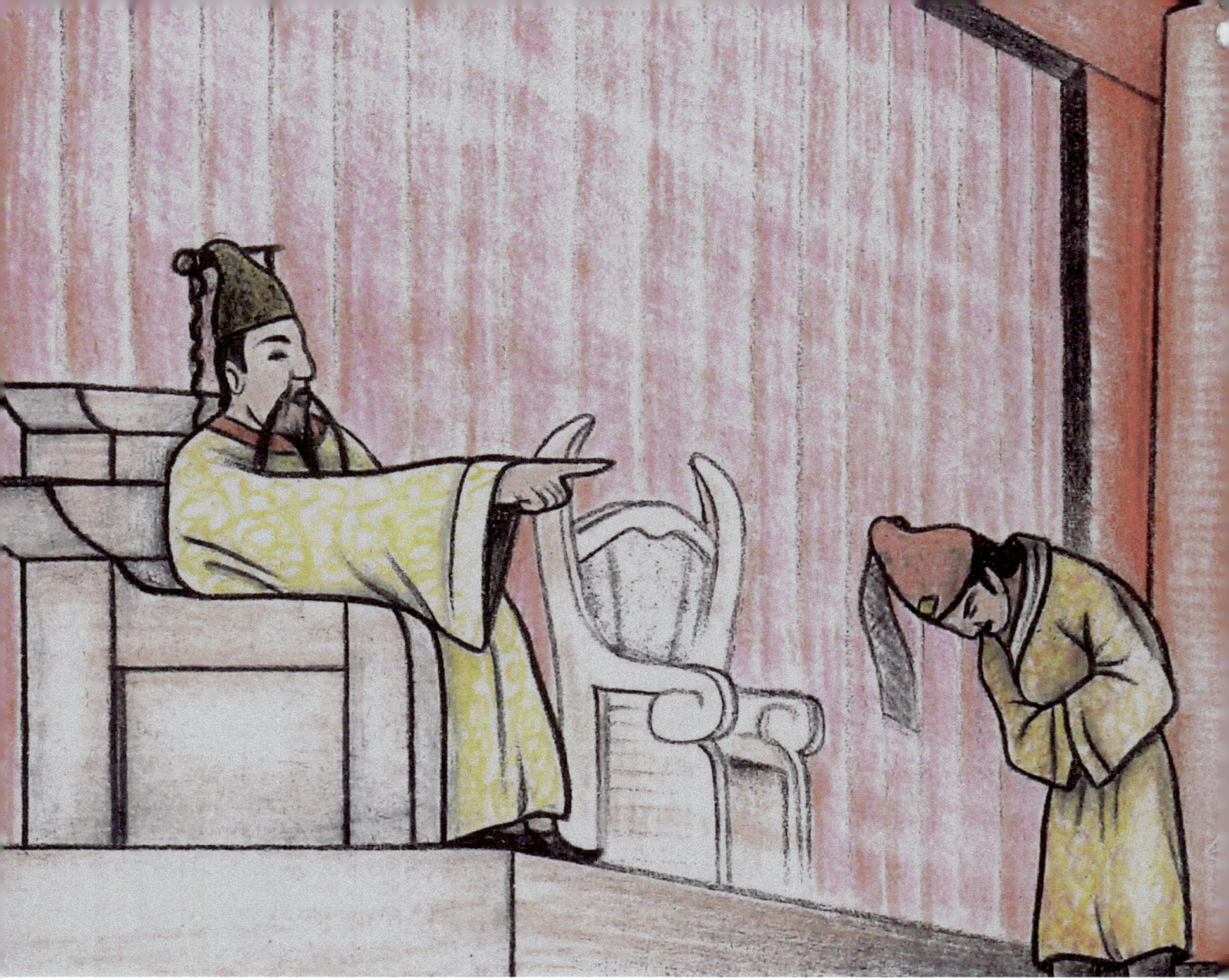

当太子年满15岁时，他父亲决定送他去学习武术，这样他就可以成为一个强壮的人，回来后，他将继承皇位。

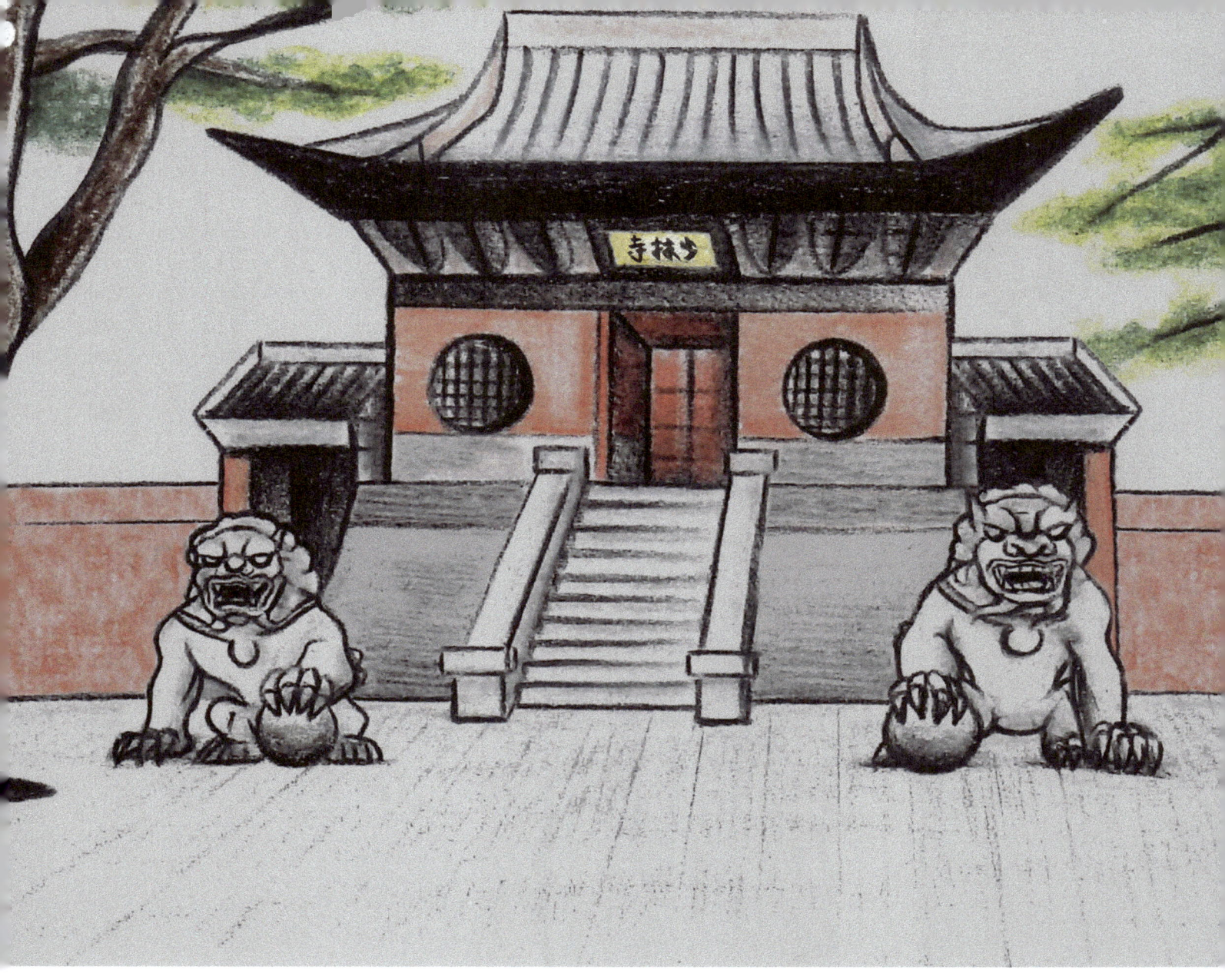

当时在一座寺庙里有一所功夫学校，叫"少林寺"那的和尚的功夫在中国享有盛誉。在古代,皇帝派太子和官员到少林寺学习少林功夫。

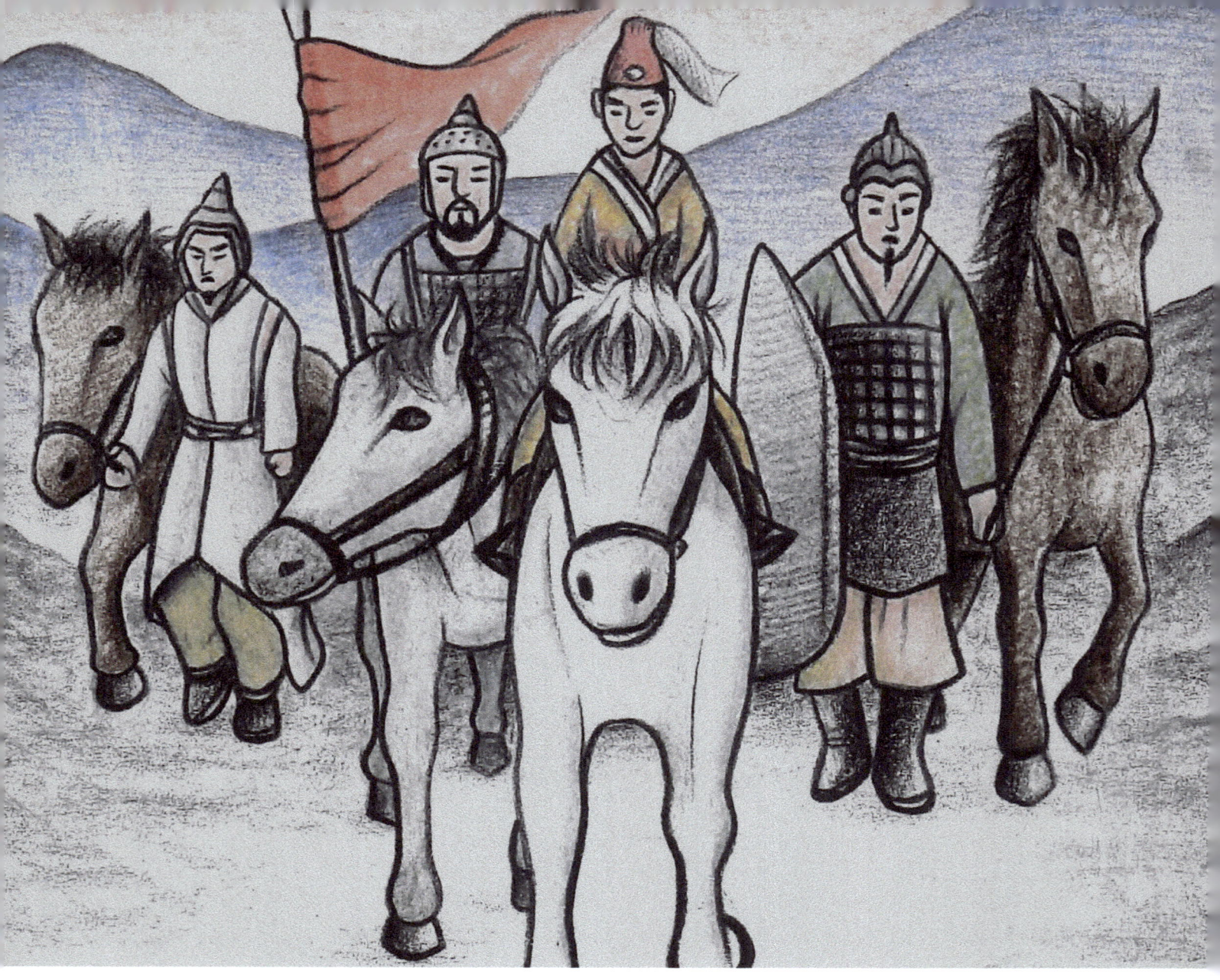

太子非常兴奋, 他终于可以离开宫殿, 去学习少林武术了。随后, 他激动地
跟着一群护送士兵骑着奔向少林寺。

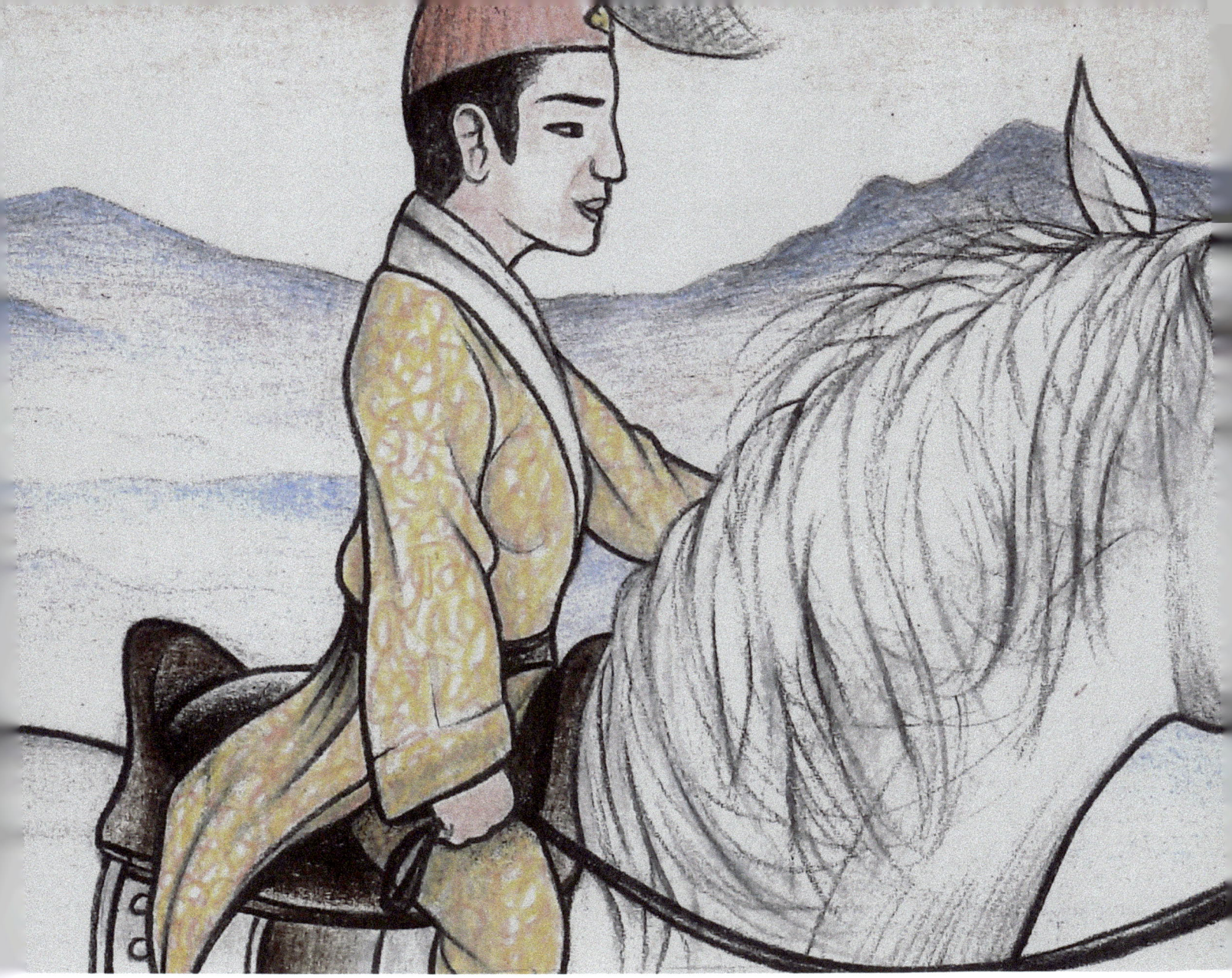

在漫长的旅途中, 他一直在思考他会从和尚那里学到什么, 他将学到多少的武艺。

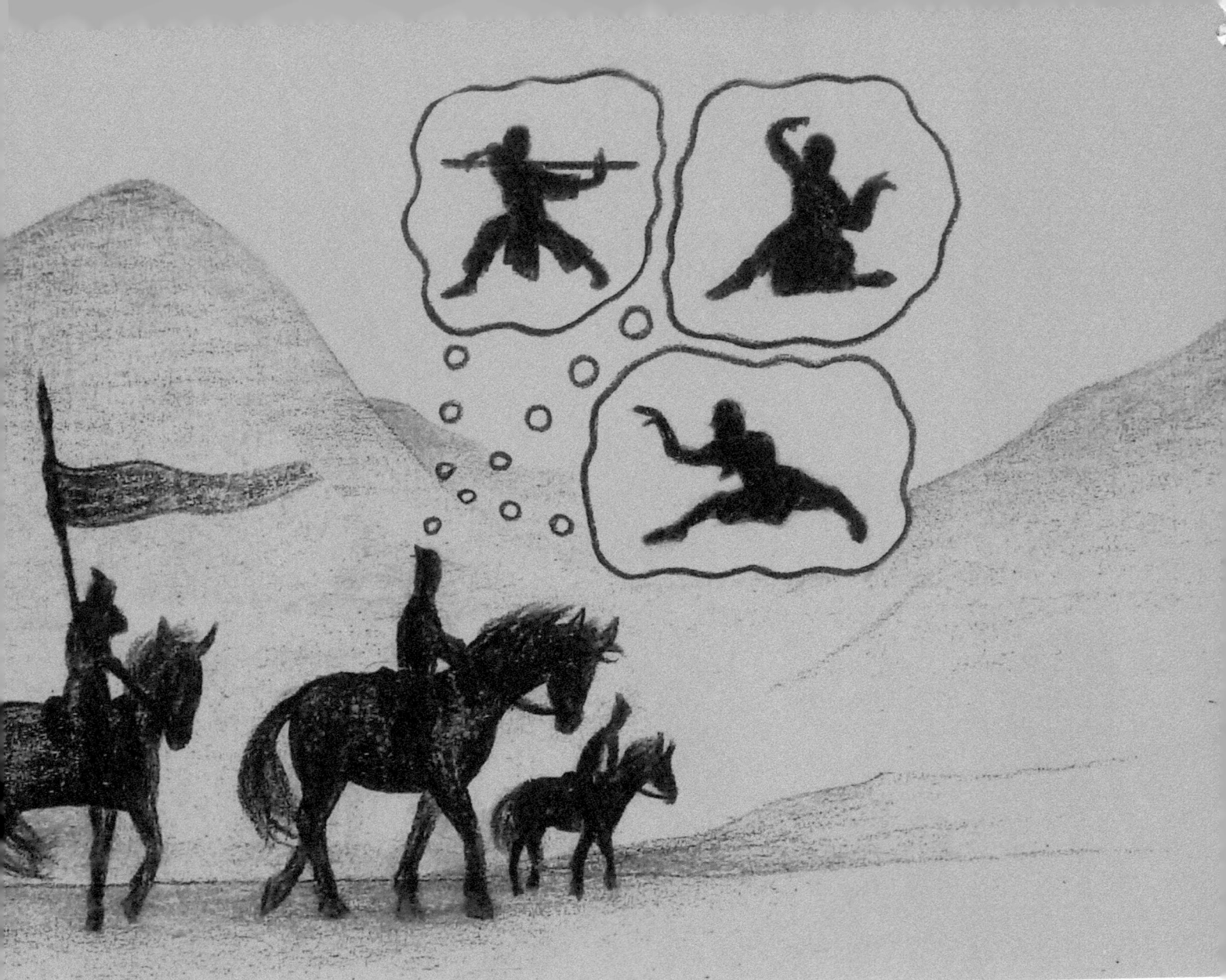

在途中, 他想像着师傅们会是什么样子, 他会学到什么, 如果他足够好。
他脑子里闪过很多问题。

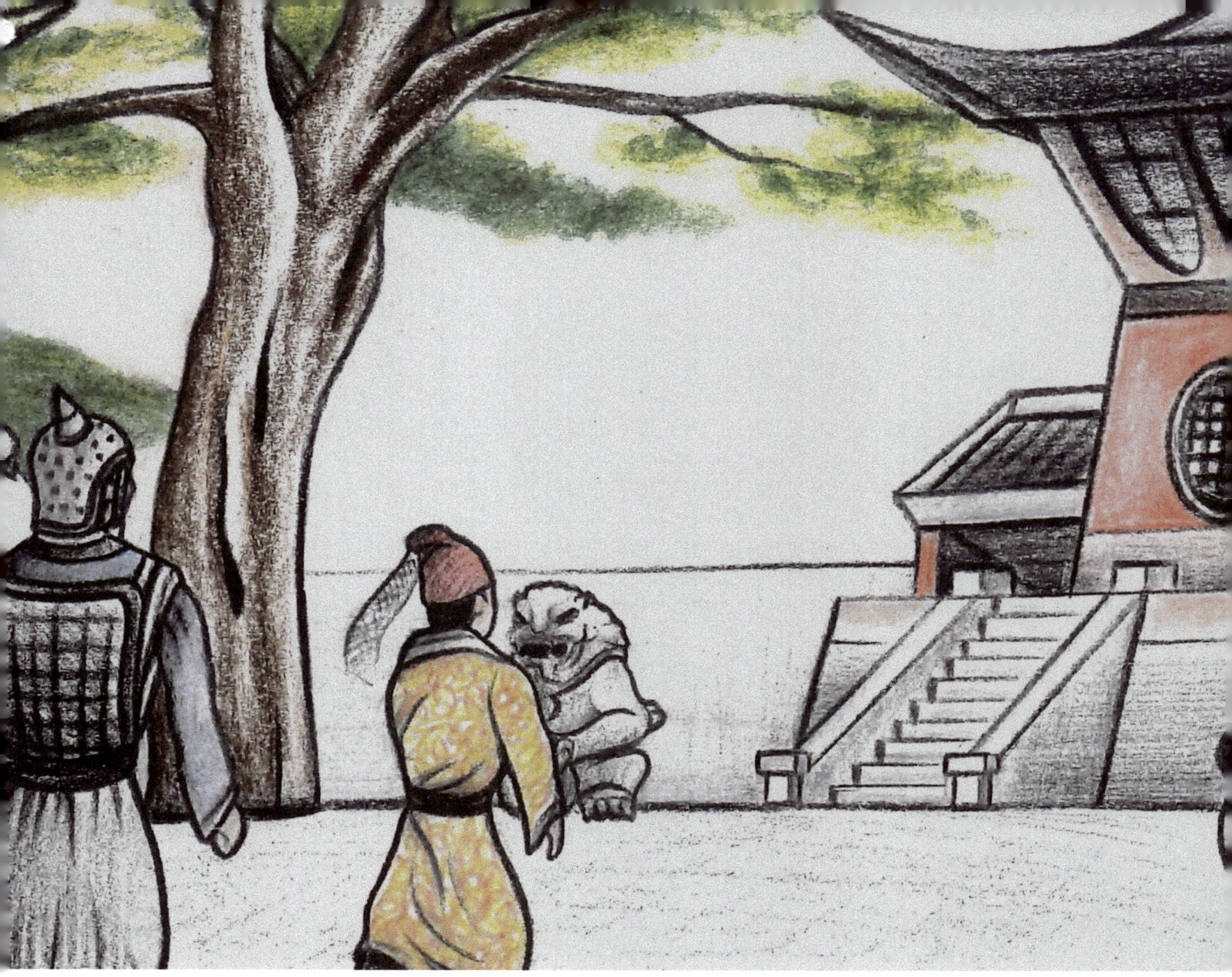

几天后, 他终于来到了一个气势磅礴的大门外, 少林寺的门口, 他的心开始
疯狂地跳动。

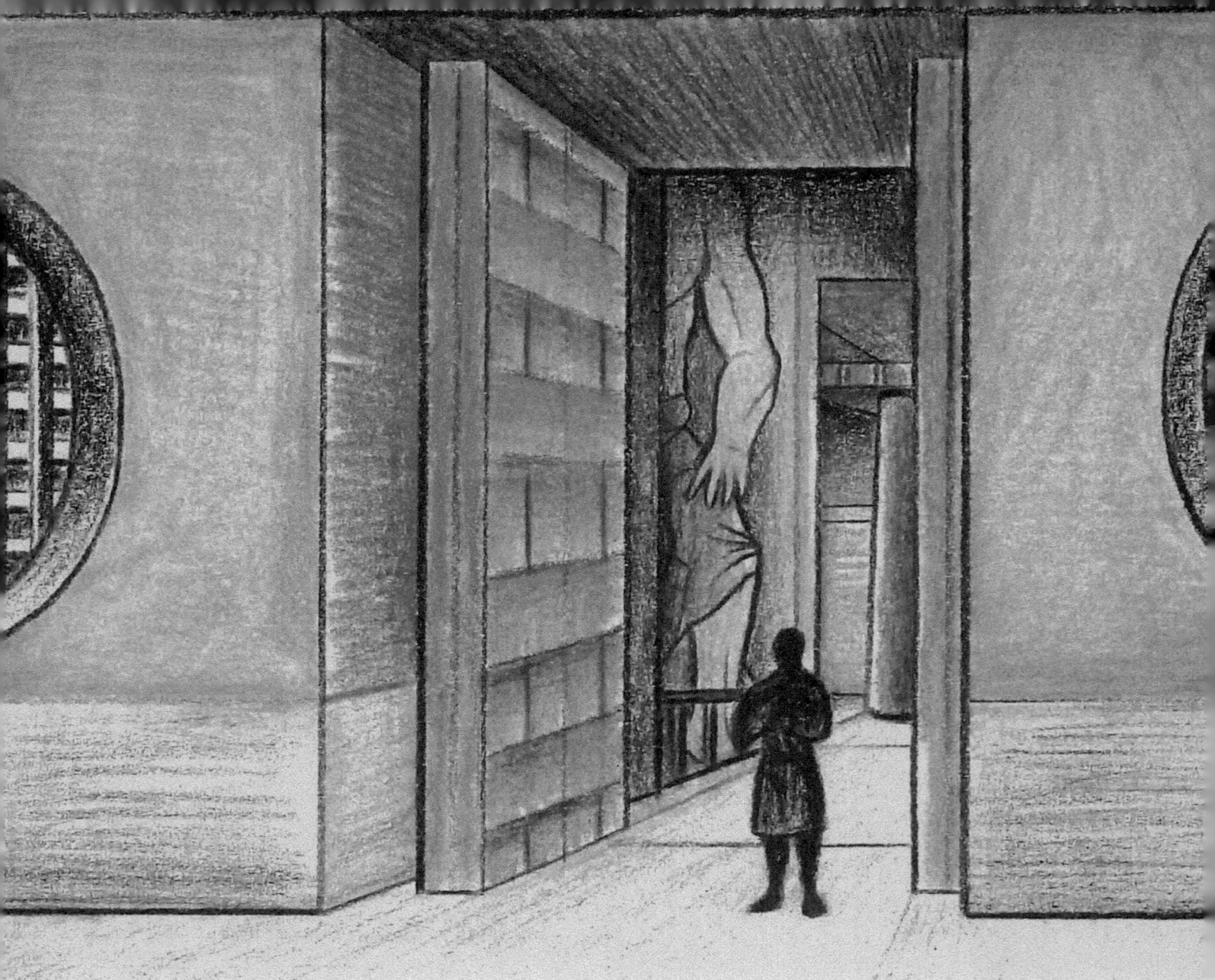

他会在少林寺呆上整整两年。一位师傅出现在门前, 陪同他进入寺庙。

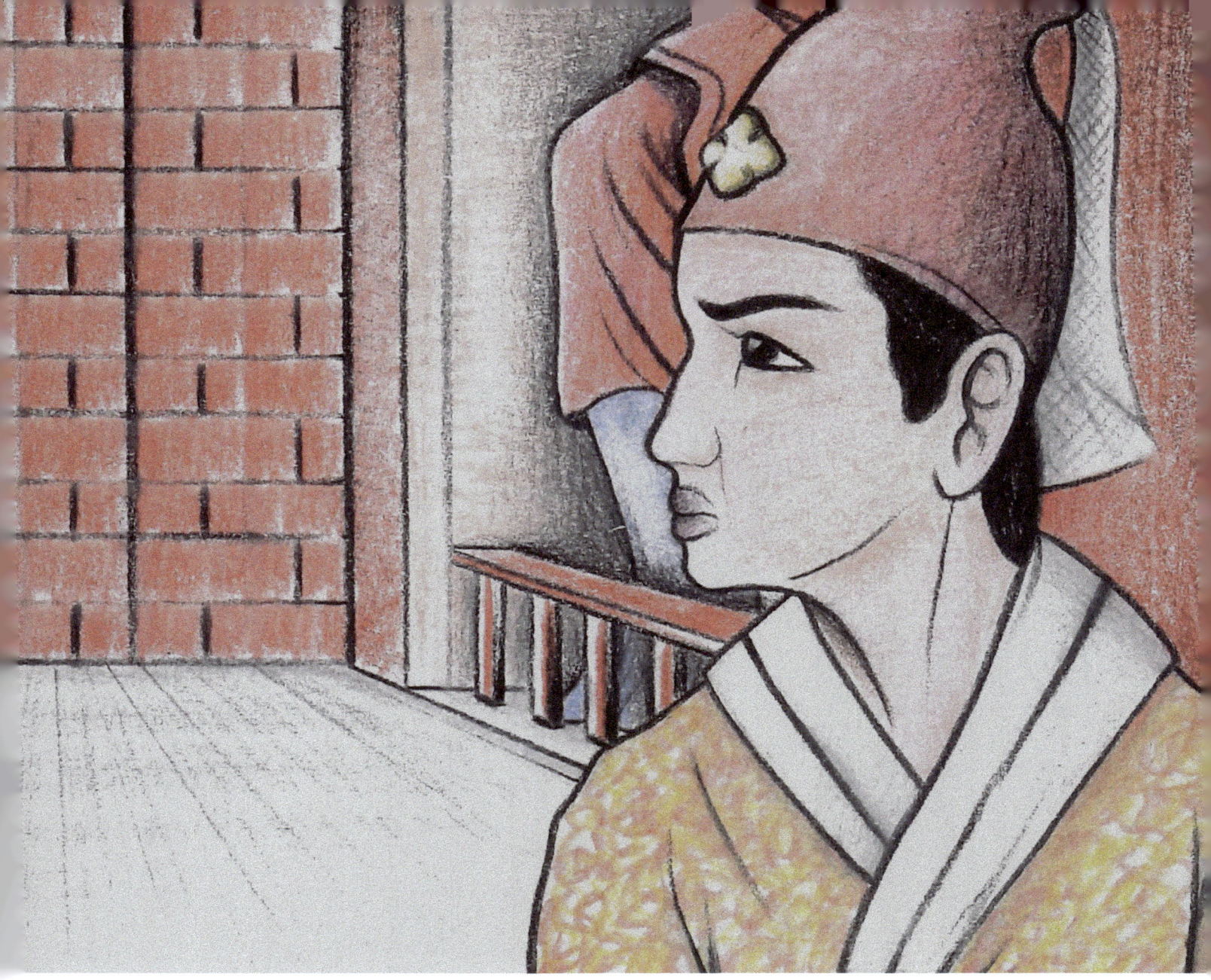

突然,庙门口沉重的木门在他身后关上了, 留给太子一片自由。

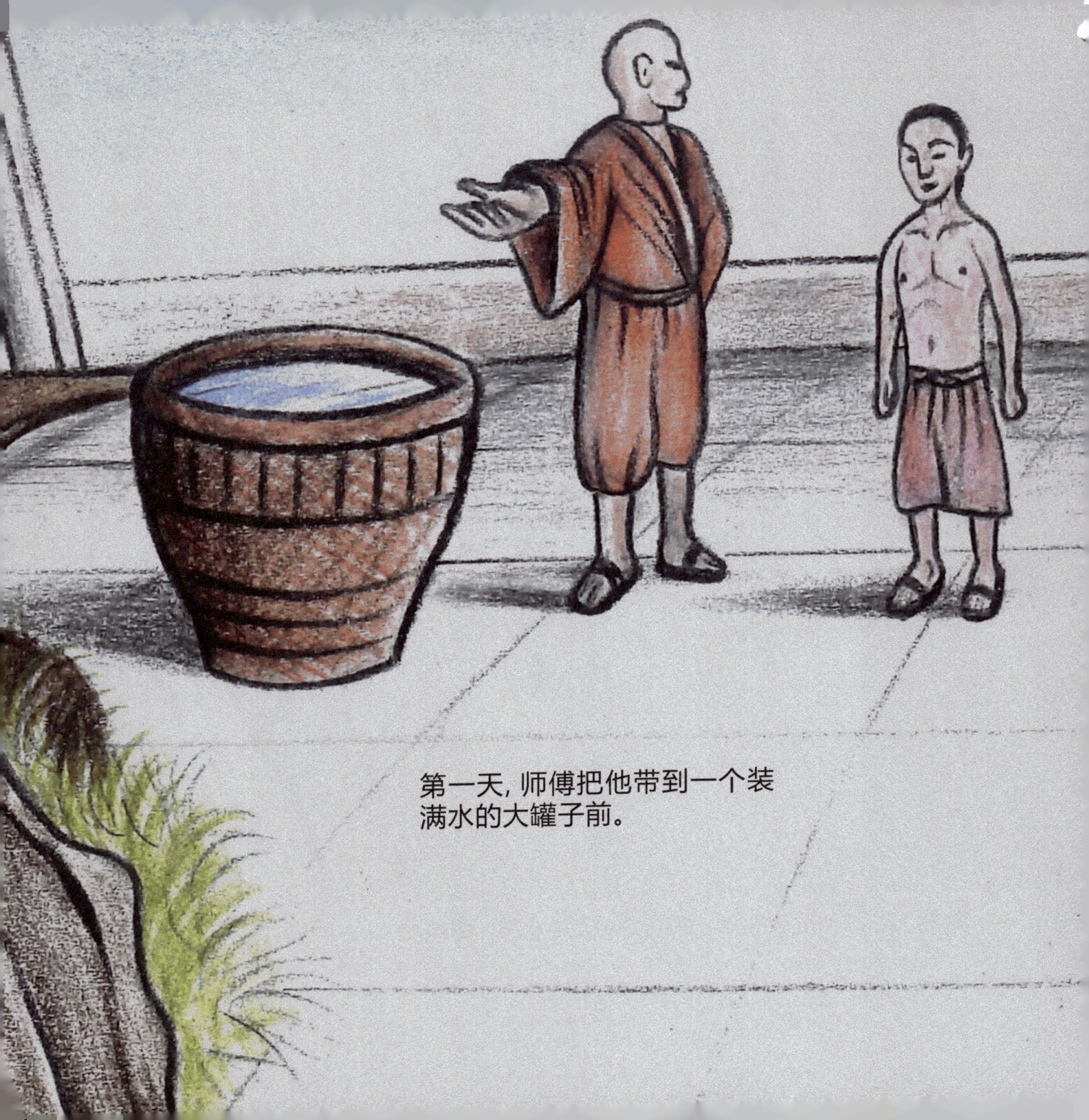

第一天，师傅把他带到一个装
满水的大罐子前。

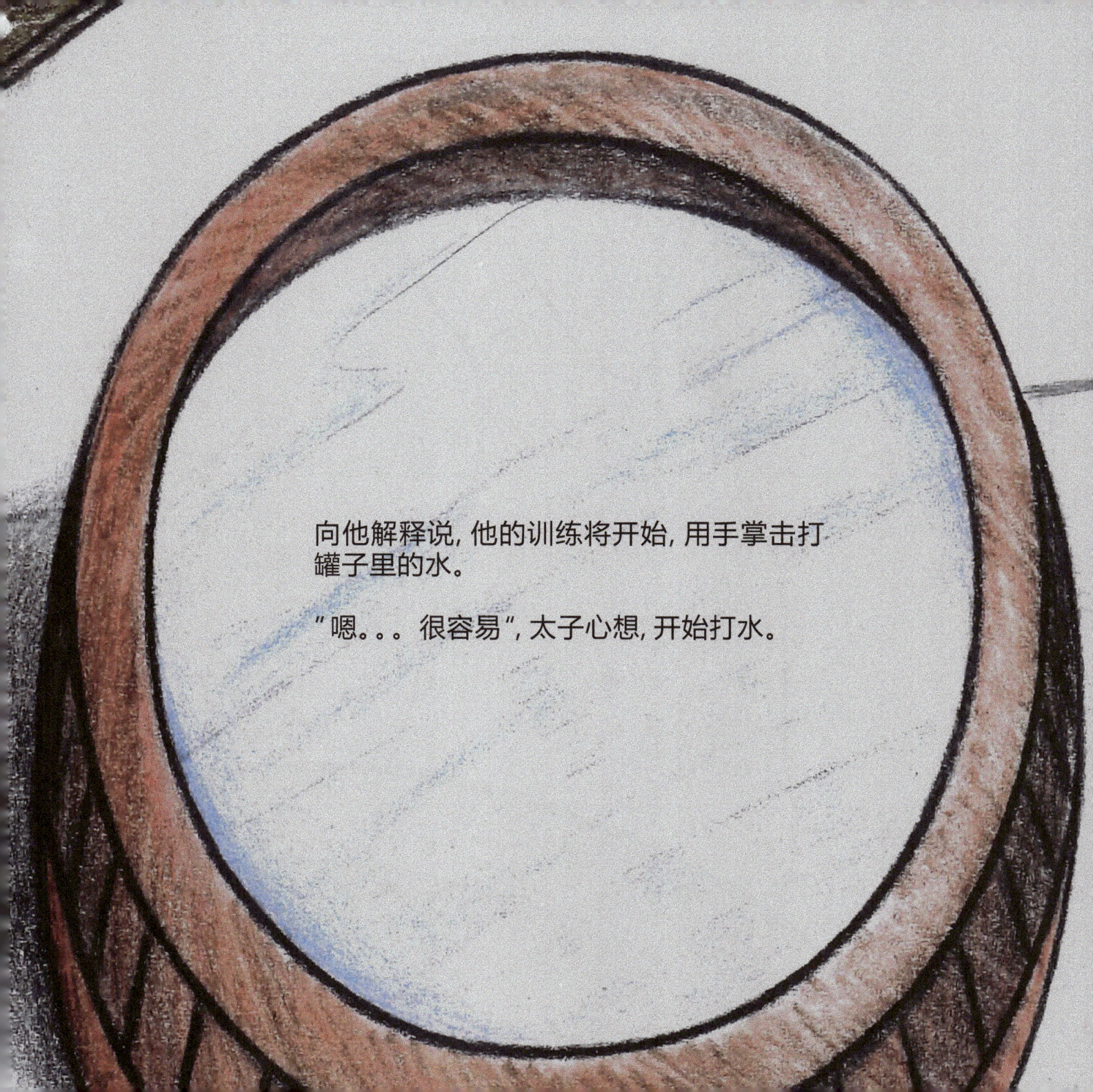

向他解释说, 他的训练将开始, 用手掌击打
罐子里的水。

" 嗯。。。很容易", 太子心想, 开始打水。

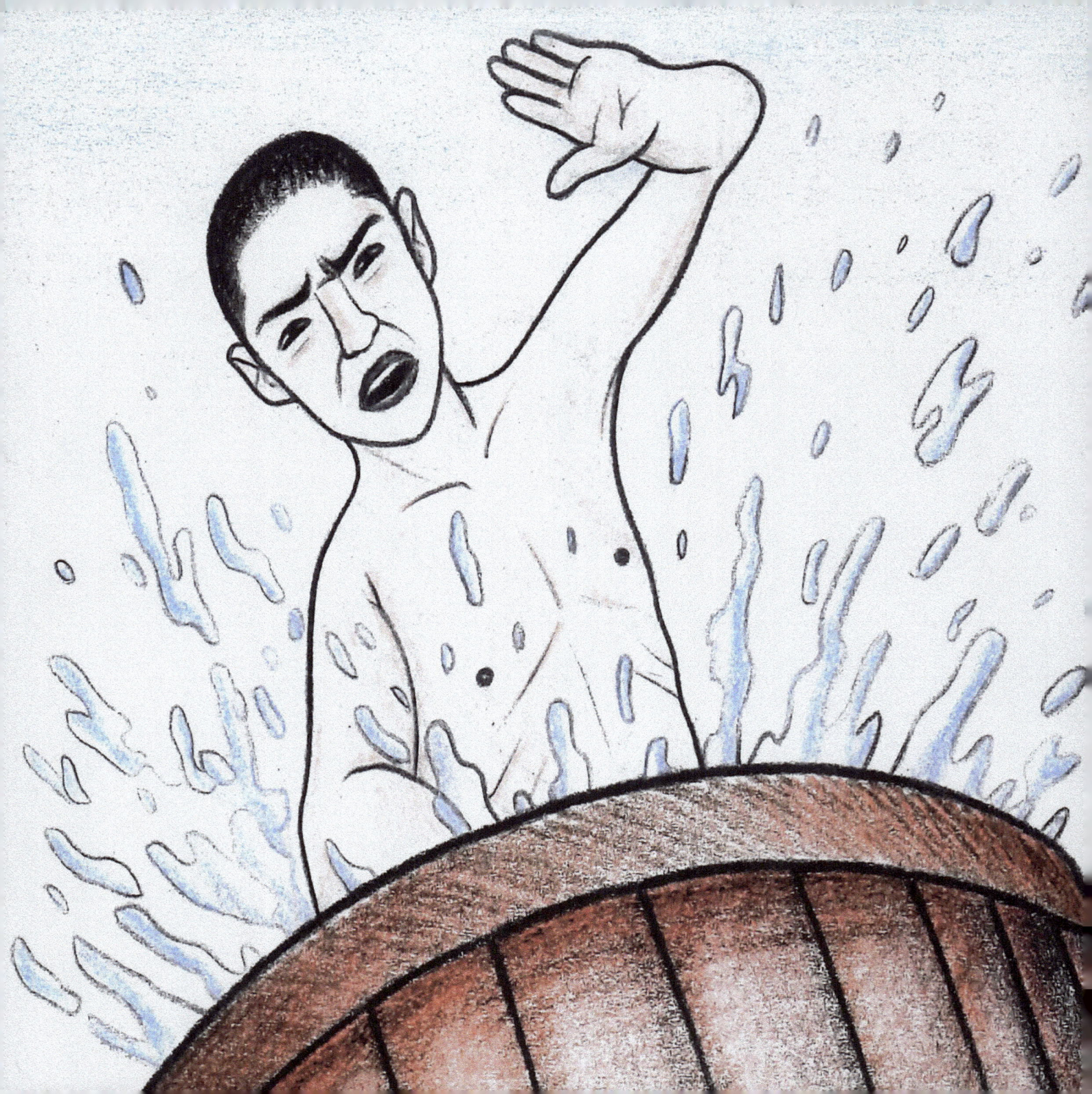

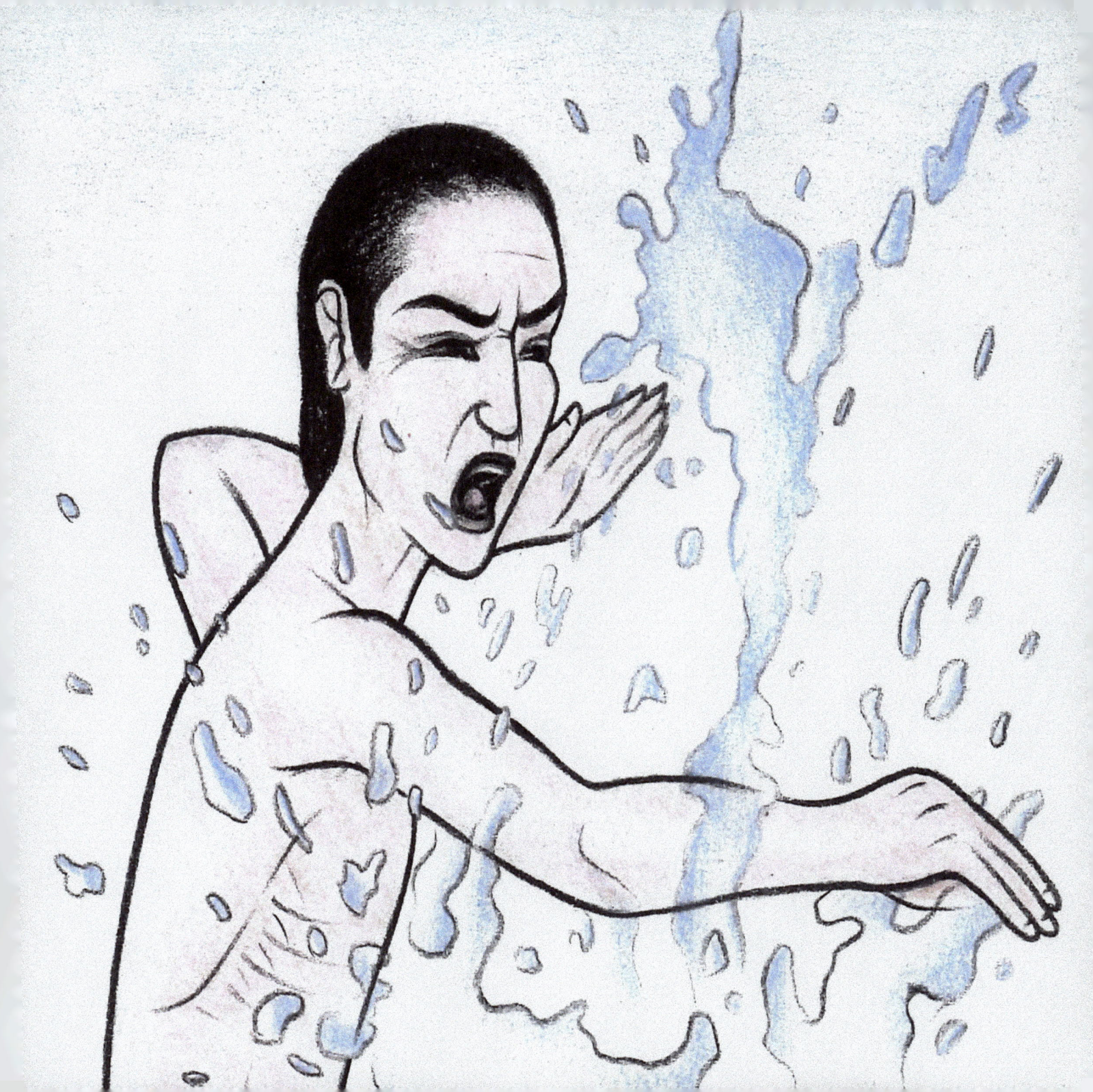

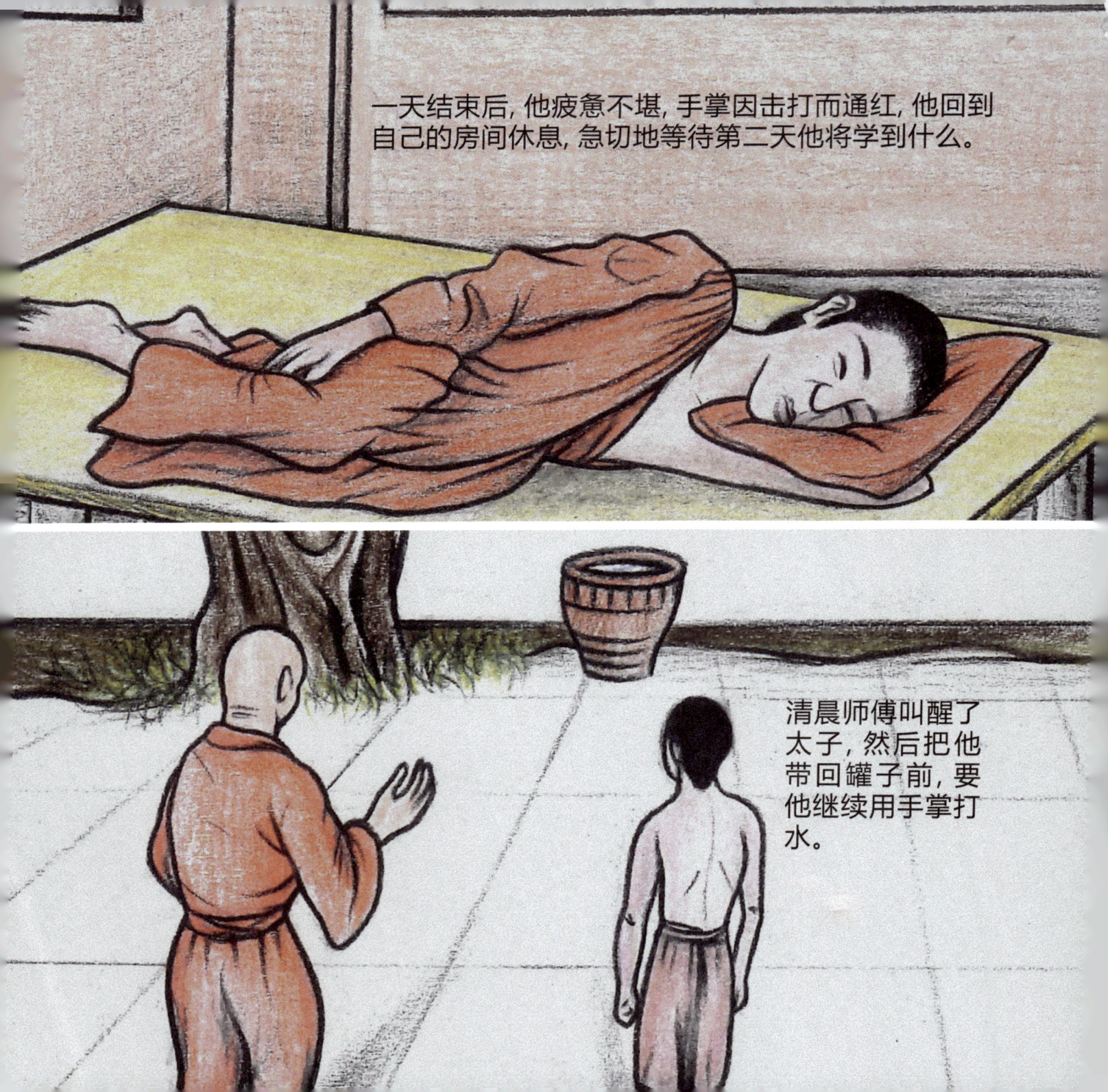

一天结束后，他疲惫不堪，手掌因击打而通红，他回到自己的房间休息，急切地等待第二天他将学到什么。

清晨师傅叫醒了太子，然后把他带回罐子前，要他继续用手掌打水。

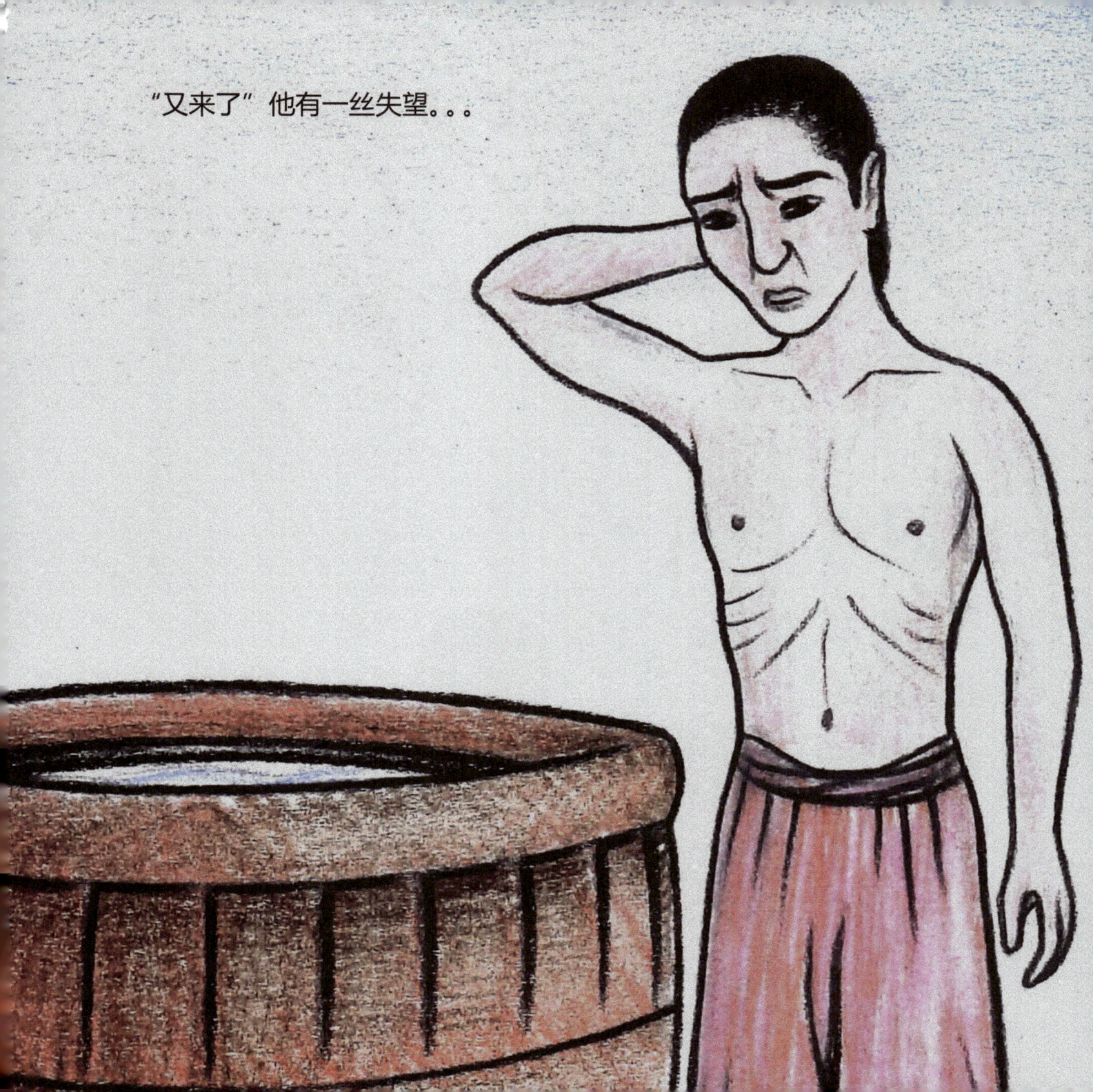

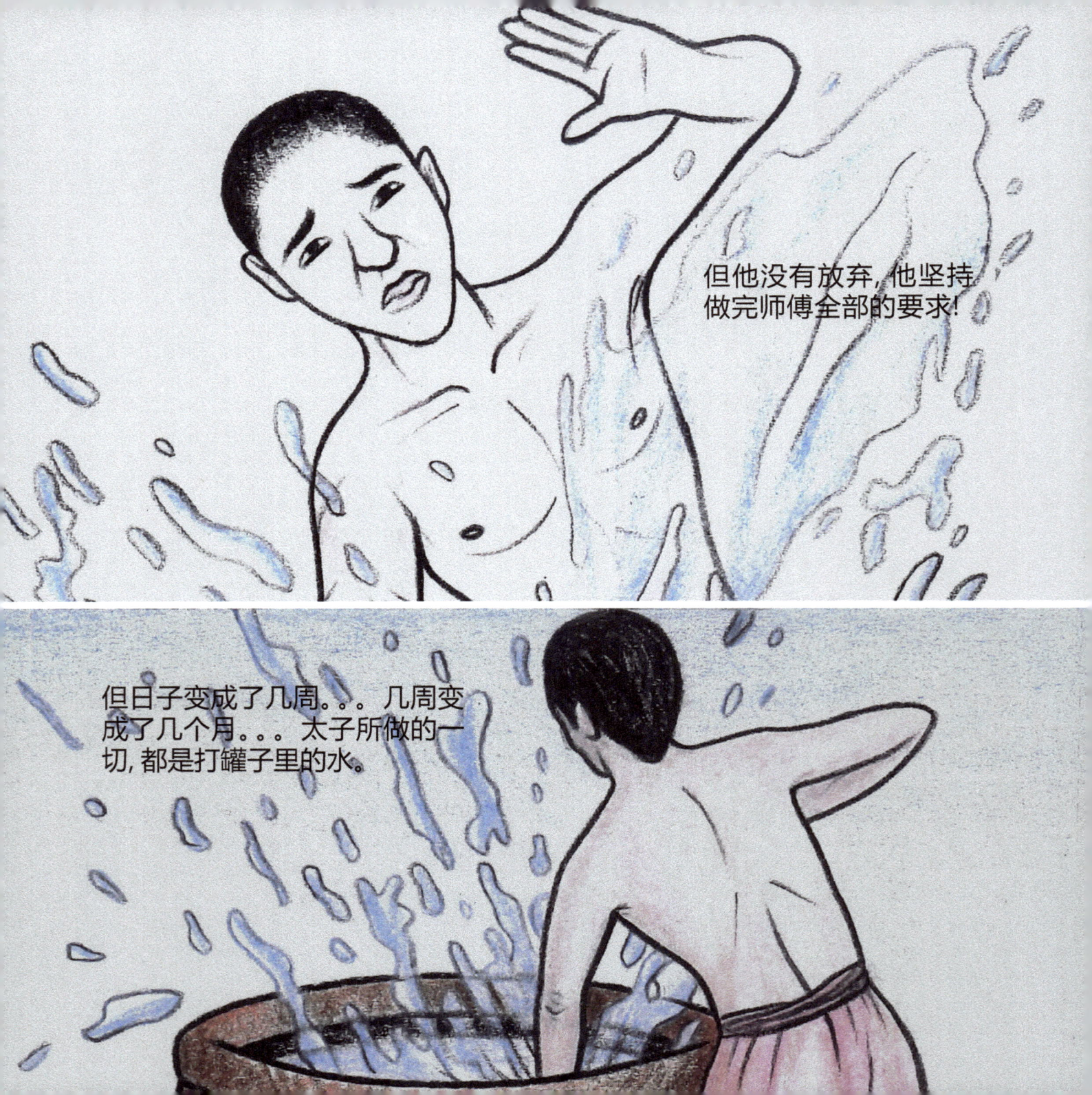

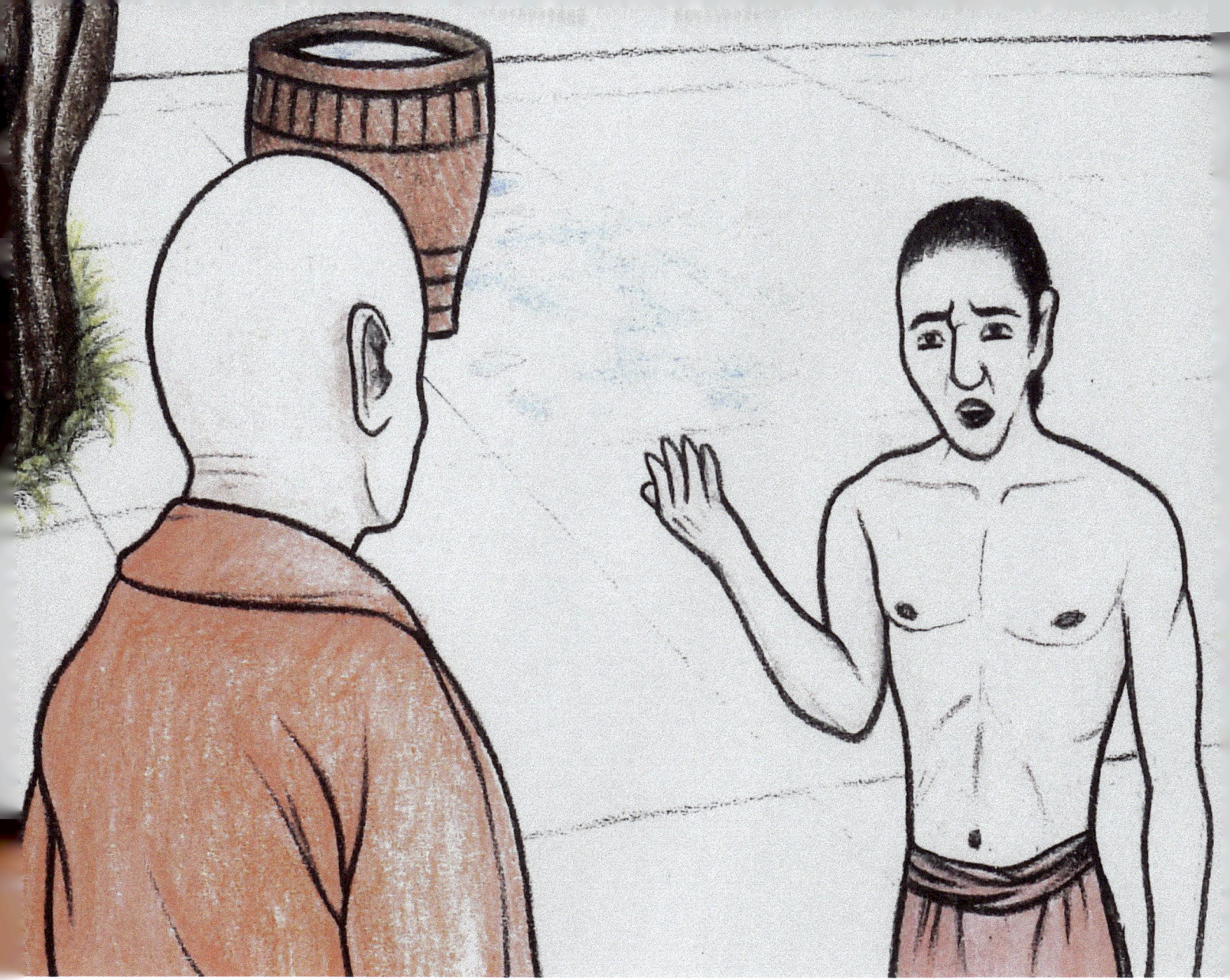

光阴荏苒, 兴奋的心情一天比一天消沉。最后, 他对师傅失望地说: "我已经做同样的事这么久了。" 但师傅坚持这样做, 不断提醒他要有耐心和毅力。

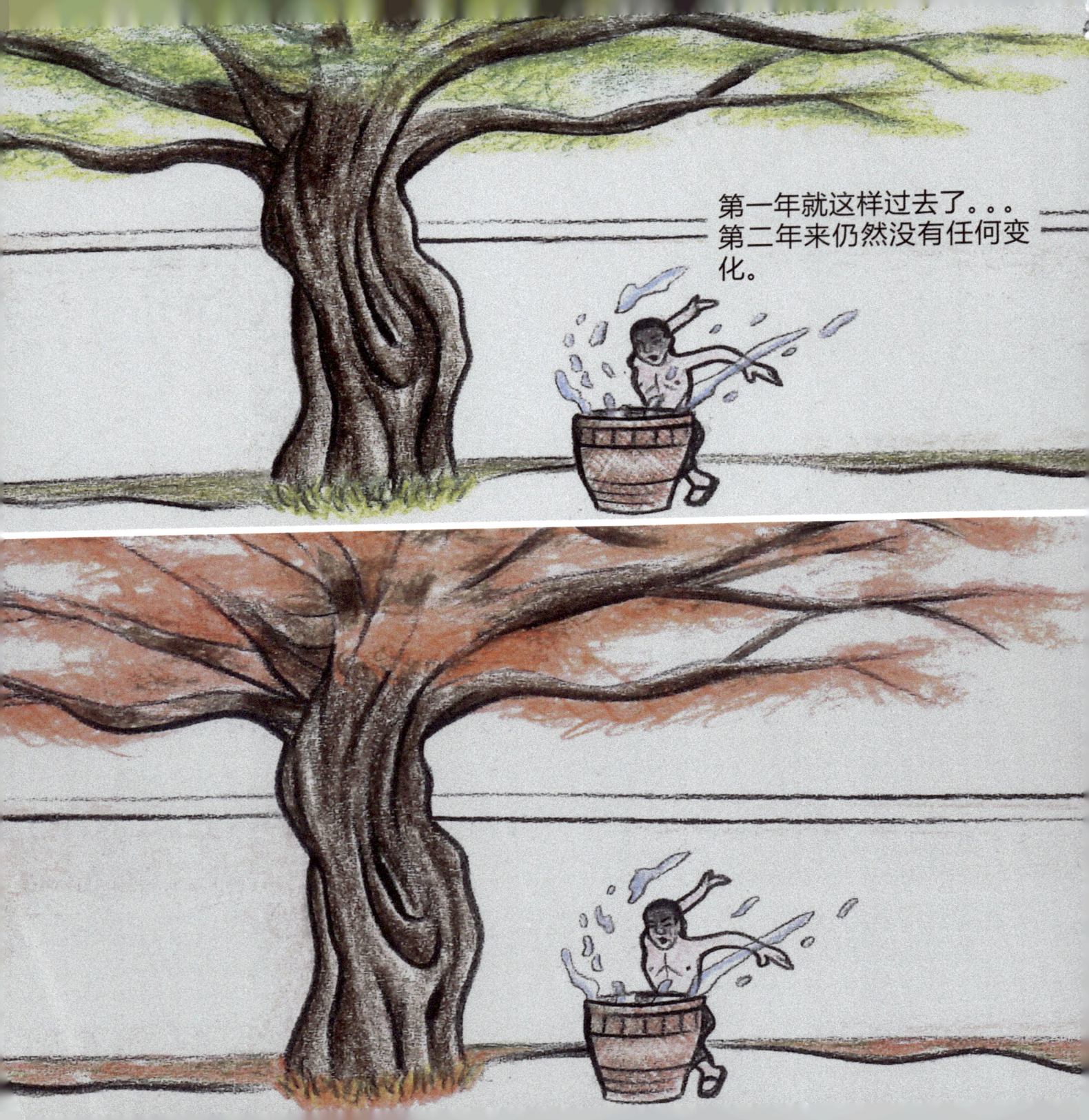

第一年就这样过去了。。。
第二年来仍然没有任何变
化。

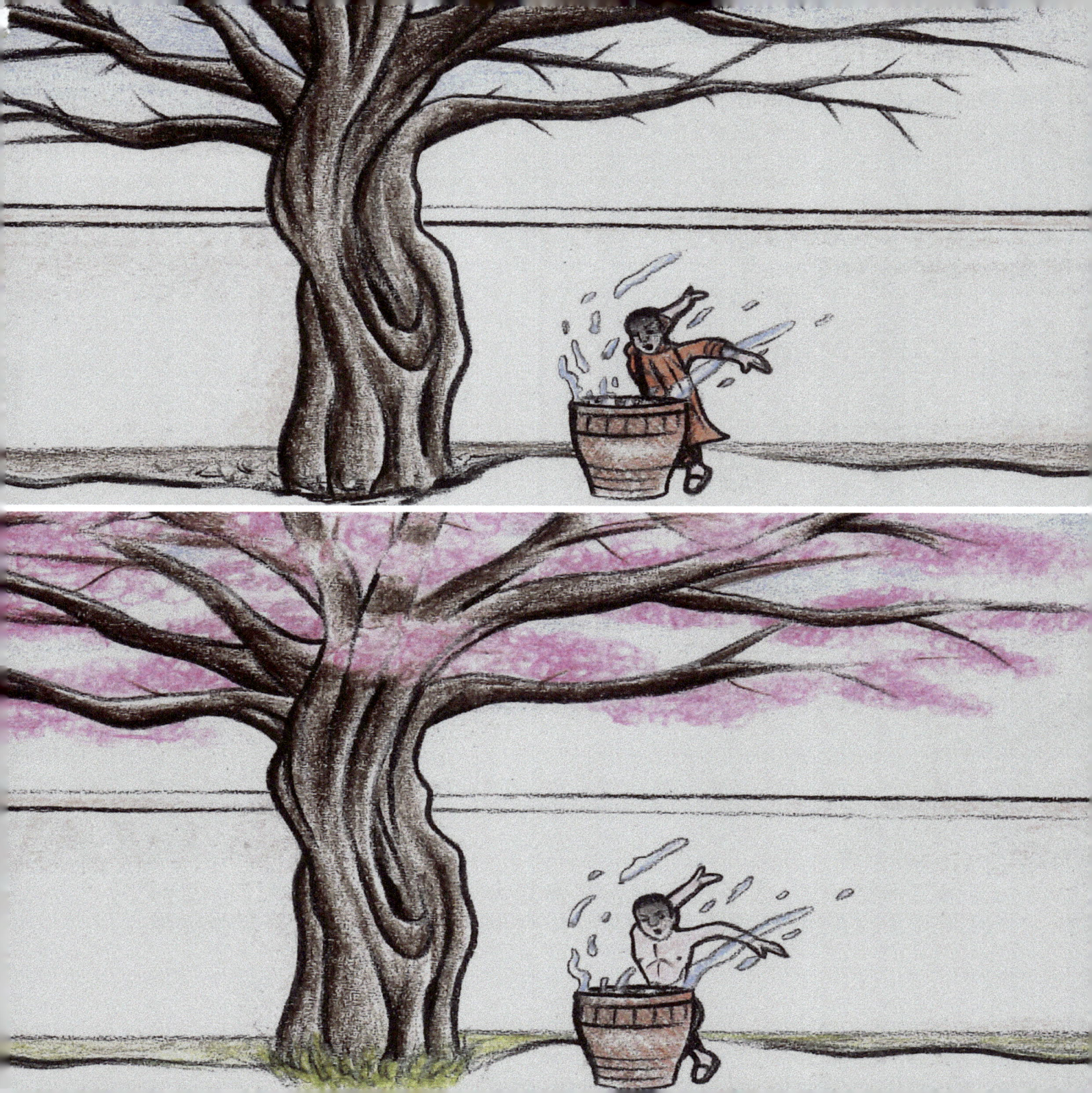

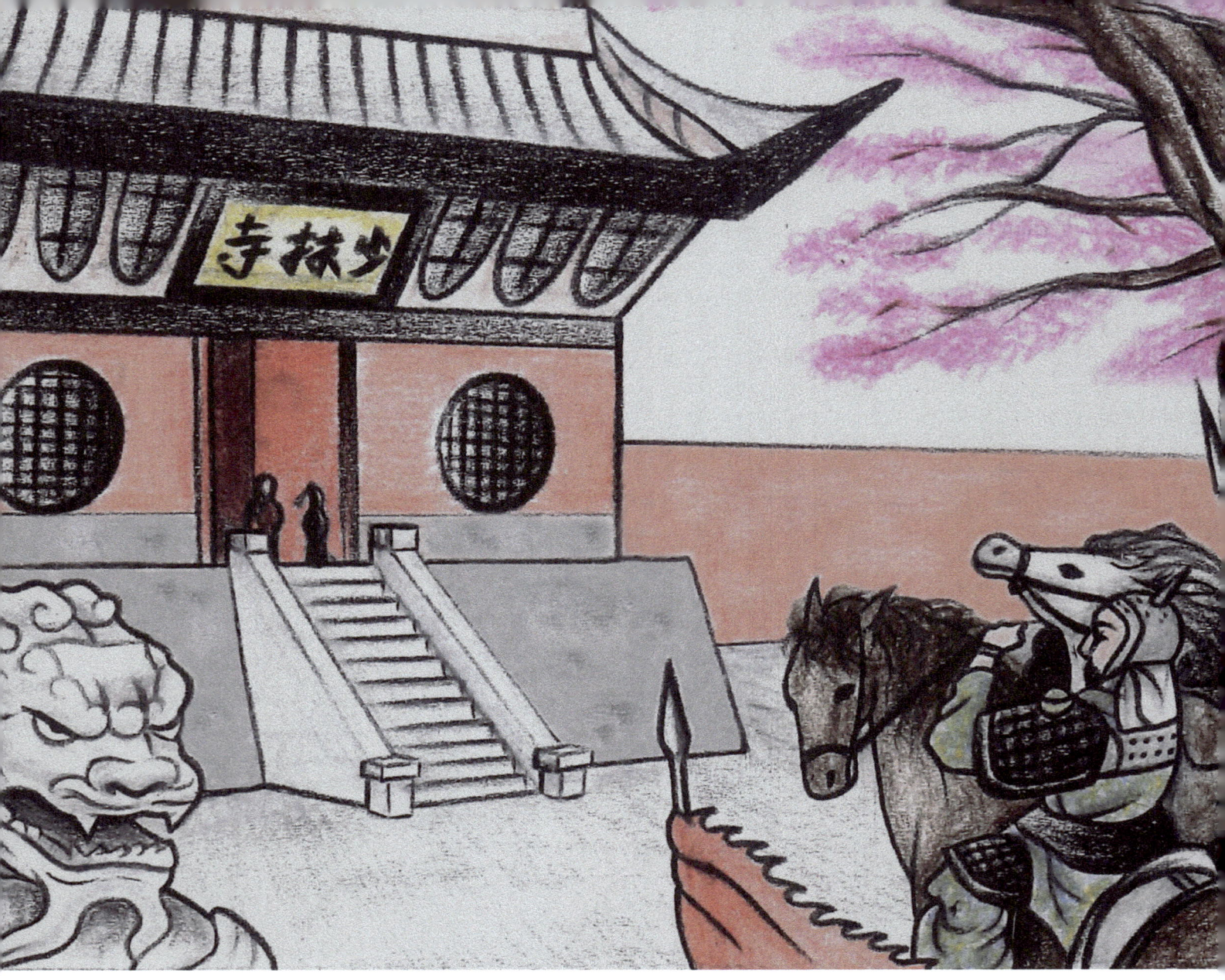

当第二年结束时，太子站在寺庙高高的大门前，师傅对他说："时间到了，该离开了。你的训练结束了"。随后太子向师傅告别了，也离开了少林寺。

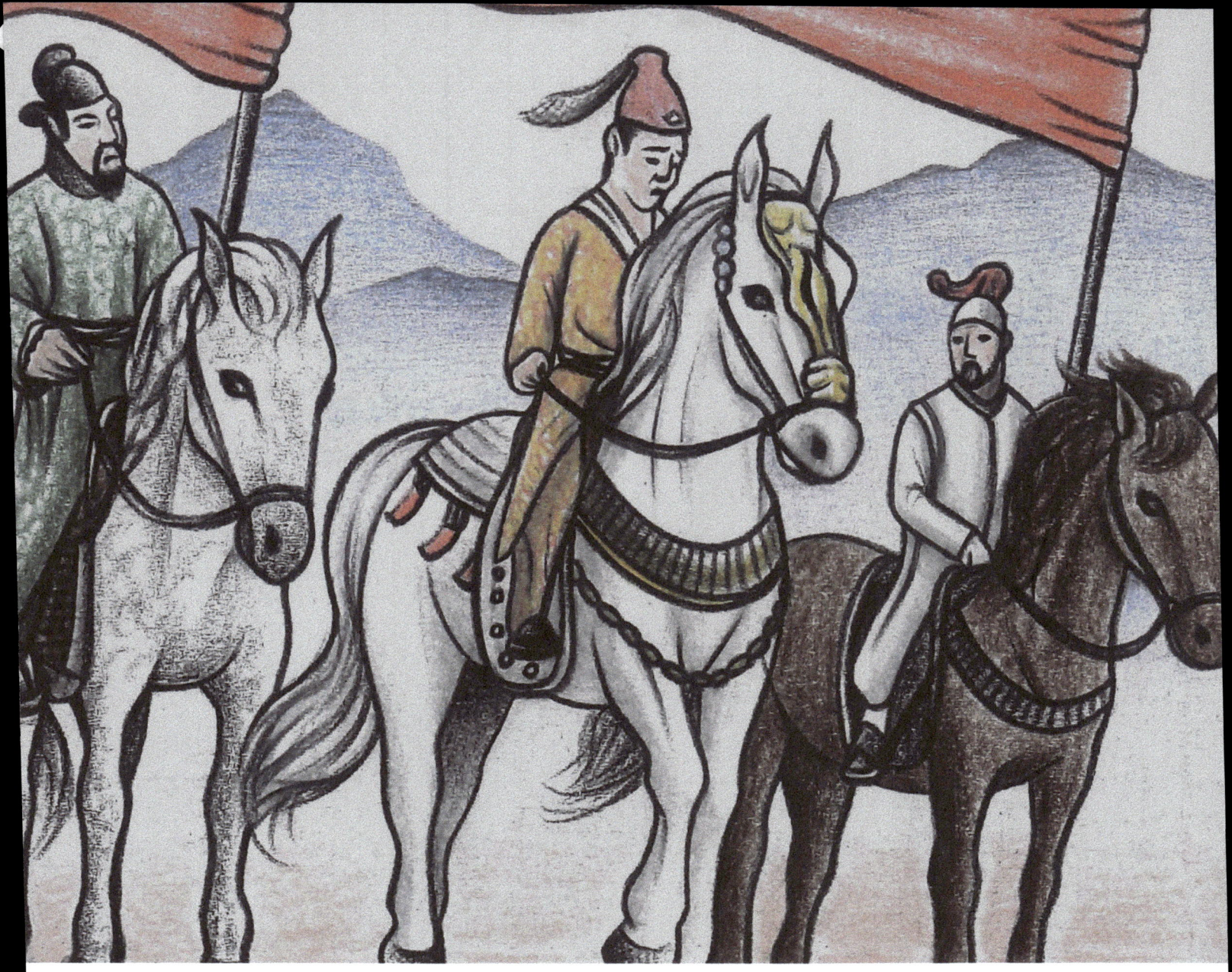

在士兵的陪同下, 他回到了皇宫, 但是他没有了像刚开始那段旅程时那样的热情。

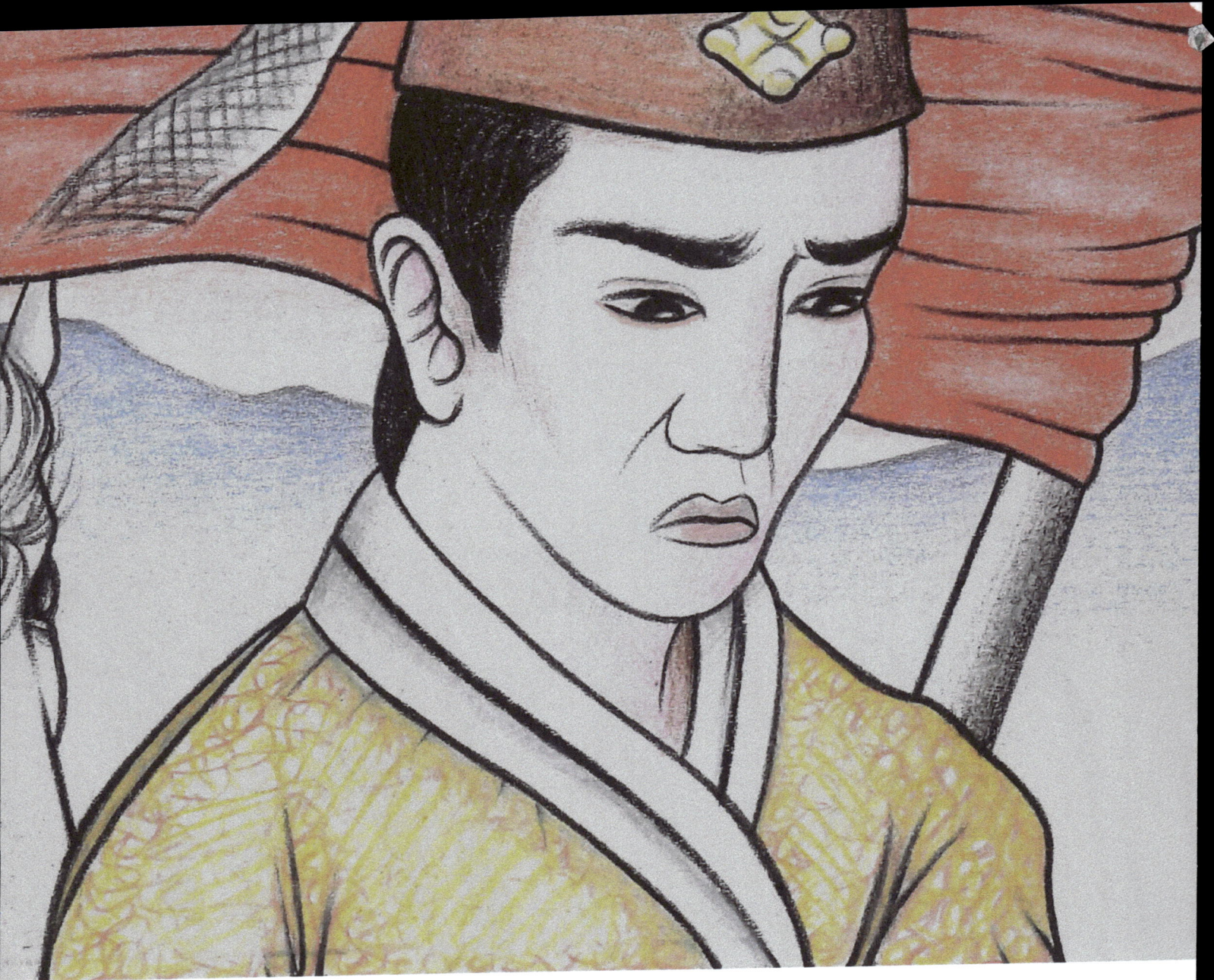

在回宫的漫长旅途中，他焦虑、愤怒、恐惧地想着自己如何向父亲交代？他怎么能证明他没有学到任何功夫？而且他在寺庙里白白地呆了整整两年？这些不安的想法困扰着他，想到见到父亲的那一刻，就浑身颤抖。

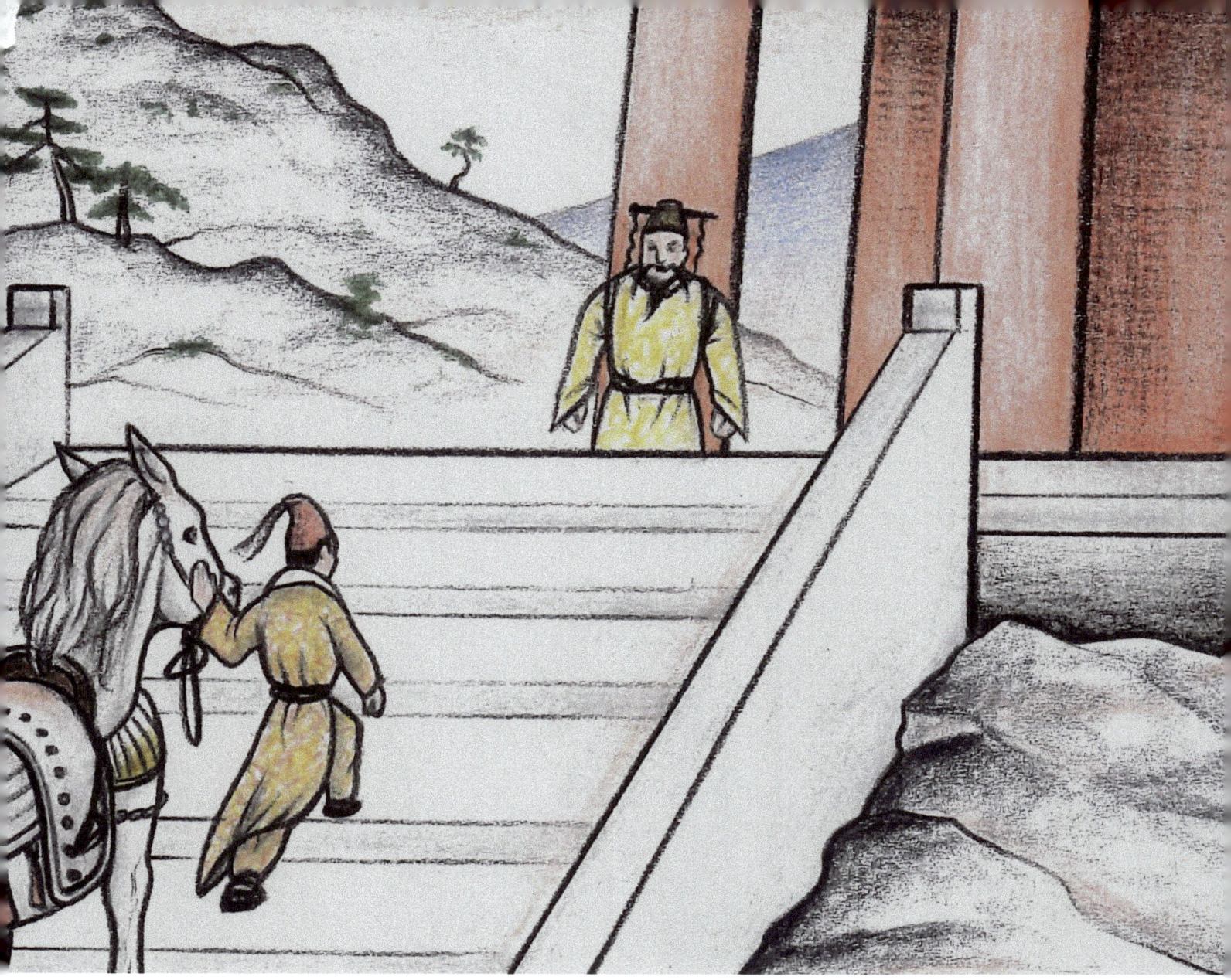

当太子到达皇宫时，皇帝满腔热情，终于他的儿子回来了，欢天喜地地欢迎他。

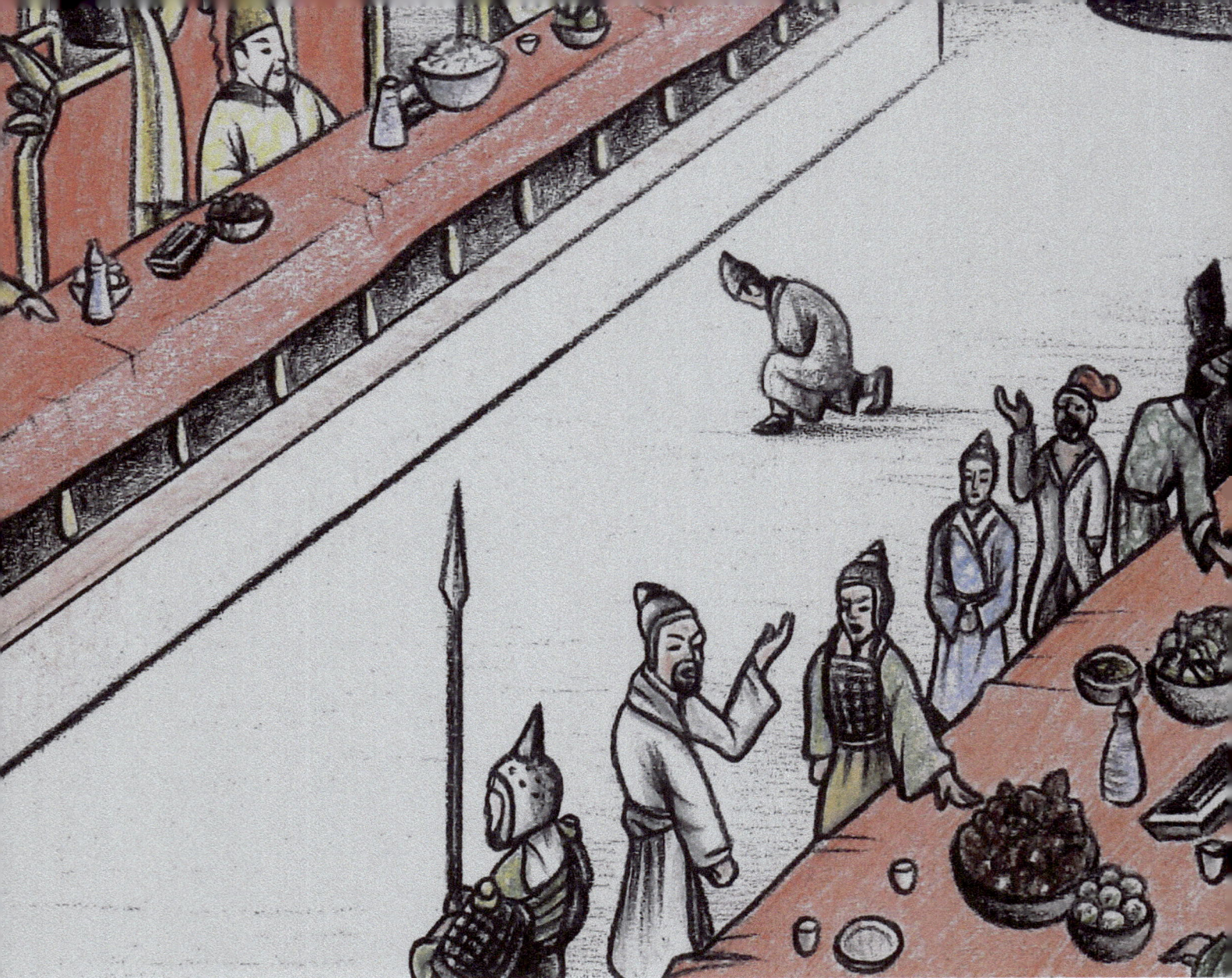

为了欢迎太子，他下令举办一场大型宴会。亲戚，朋友，政治家，军官，围绕在皇帝周围，一张巨大而厚重的木桌上，摆满了天下最好的食物，迎接太子。有音乐，有舞蹈，葡萄酒当然在这么盛大的庆祝活动中也是少不了的。

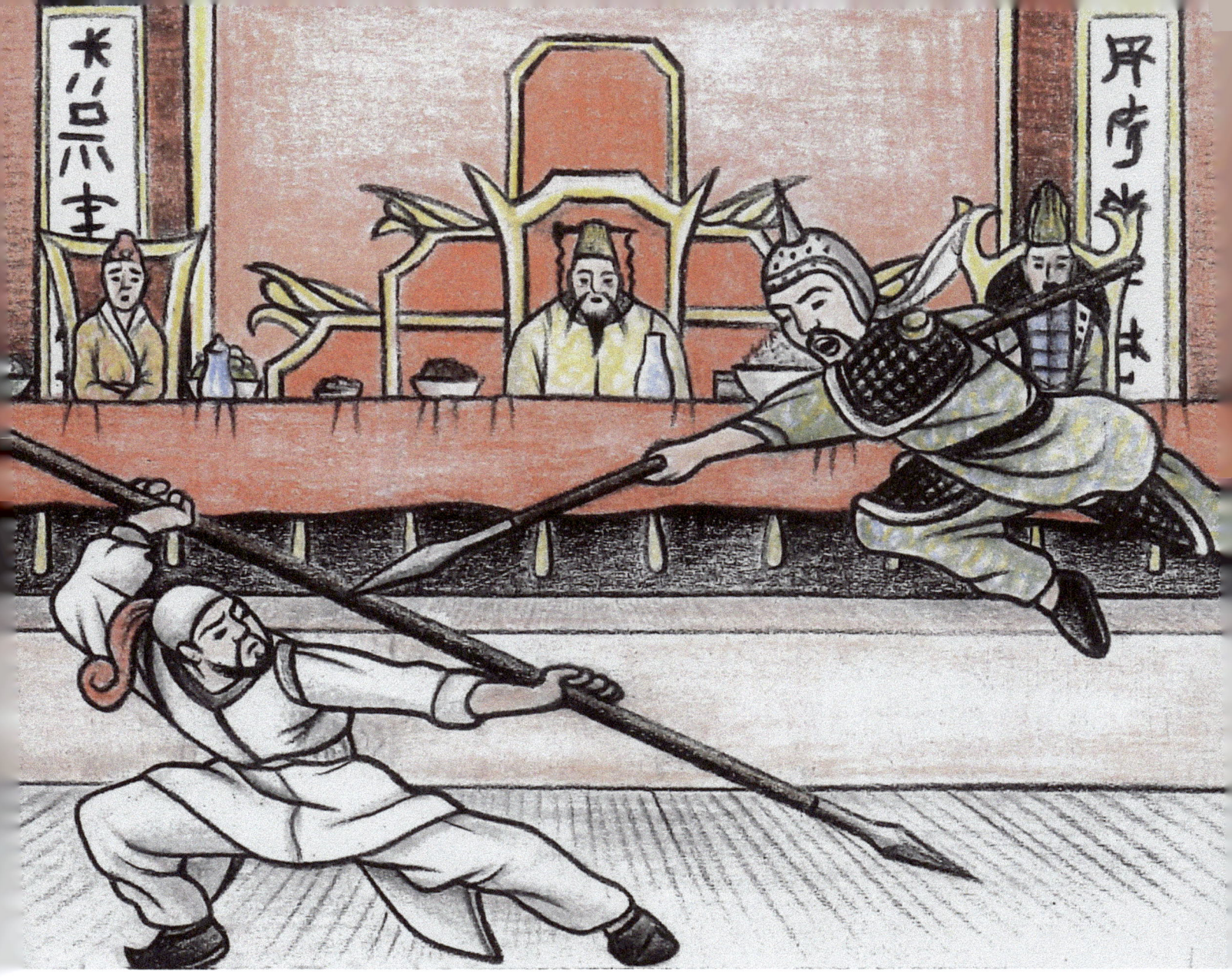

过了些时候, 皇帝的官员们吃了饭,然后他们一个接一个地开始向皇帝展示他们的功夫水平和技巧。

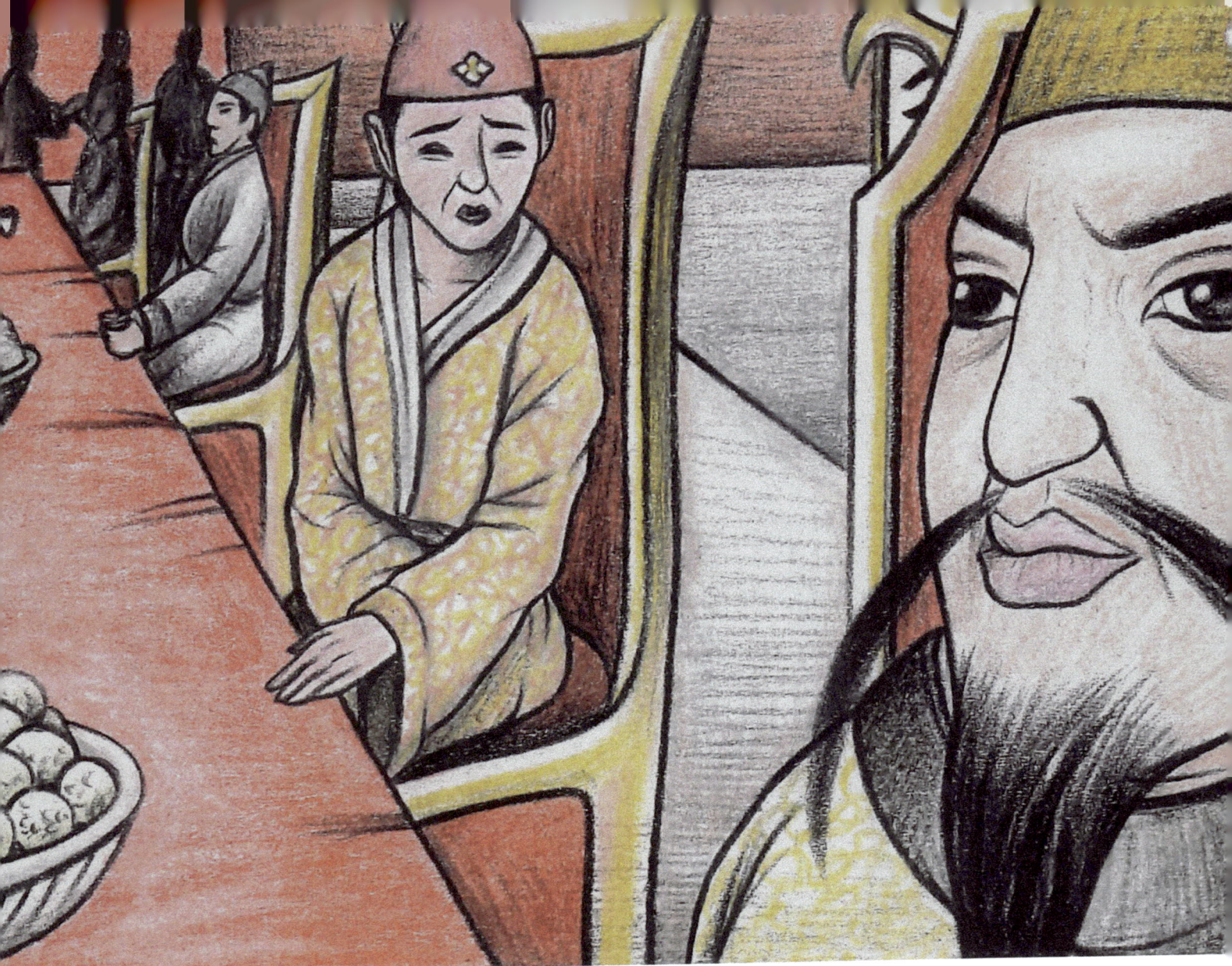

太子怕需要自己表演的时间到了, 所以他尽量不引起皇帝的注意! 他真的不知道如果他也被邀请来介绍功夫, 他会说什么。由于他不知所措, 他的心跳得很快, 他无法呼吸, 他也很难集中精神。

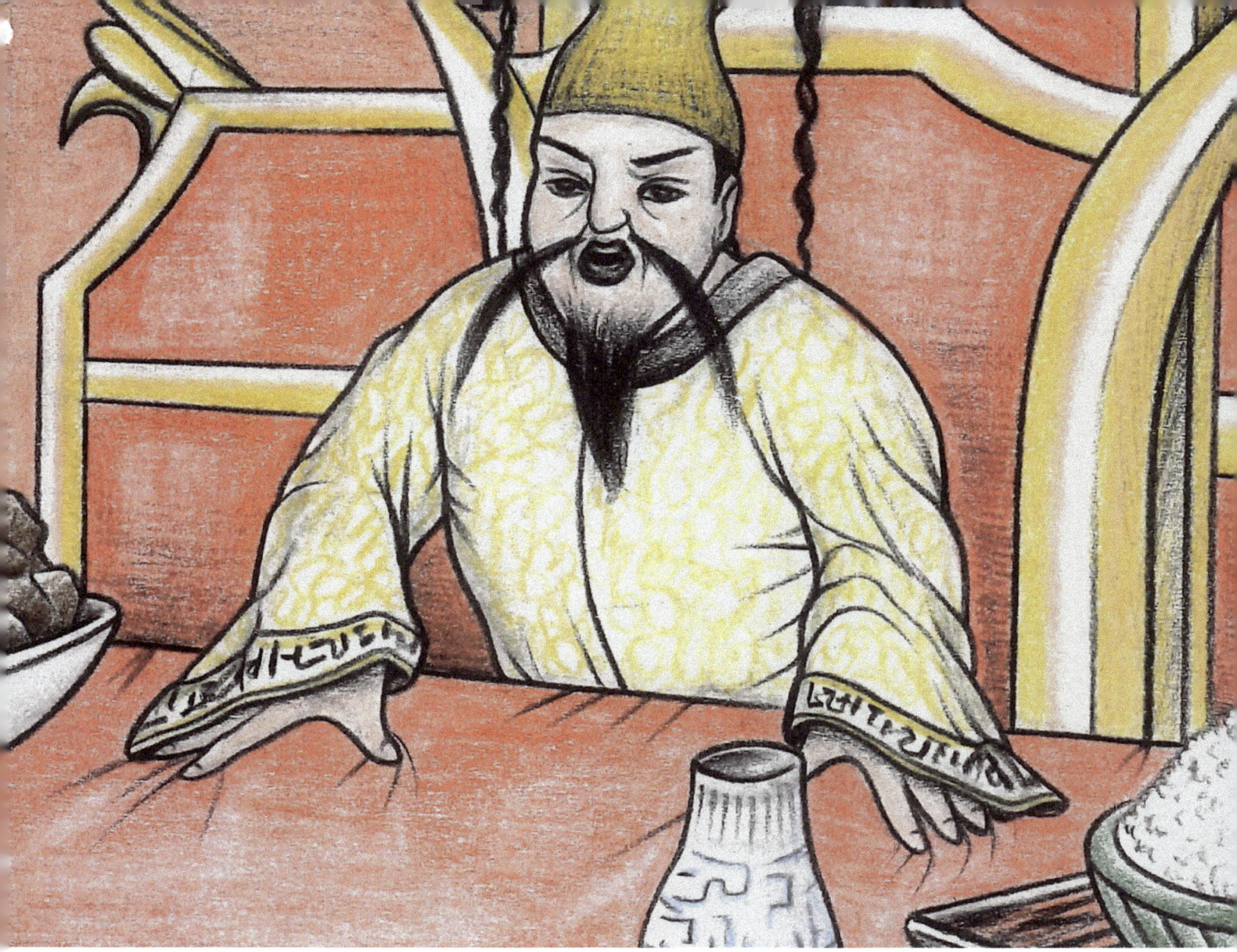

武将们完成表演后，皇帝下令音乐停止，他从座位上站起来说："两年前我送太子在著名的少林寺学习功夫。今天，我非常自豪地邀请他向我们介绍他在这两年中学到的东西"。

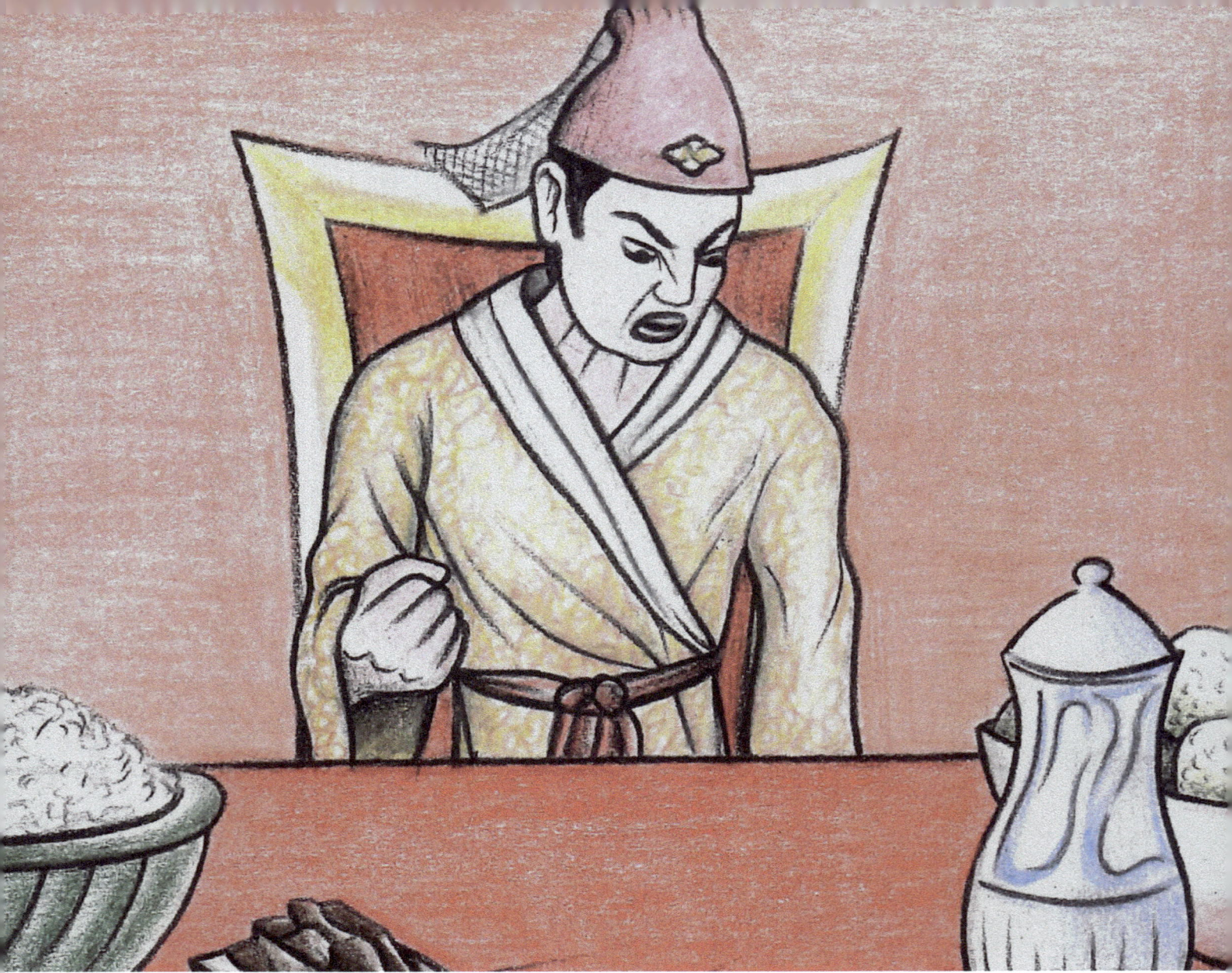

听到这些话，太子气得满脸通红，从座位上站起来喊道:"这两年白白过去了! 在少林寺，我什么也没学到!"

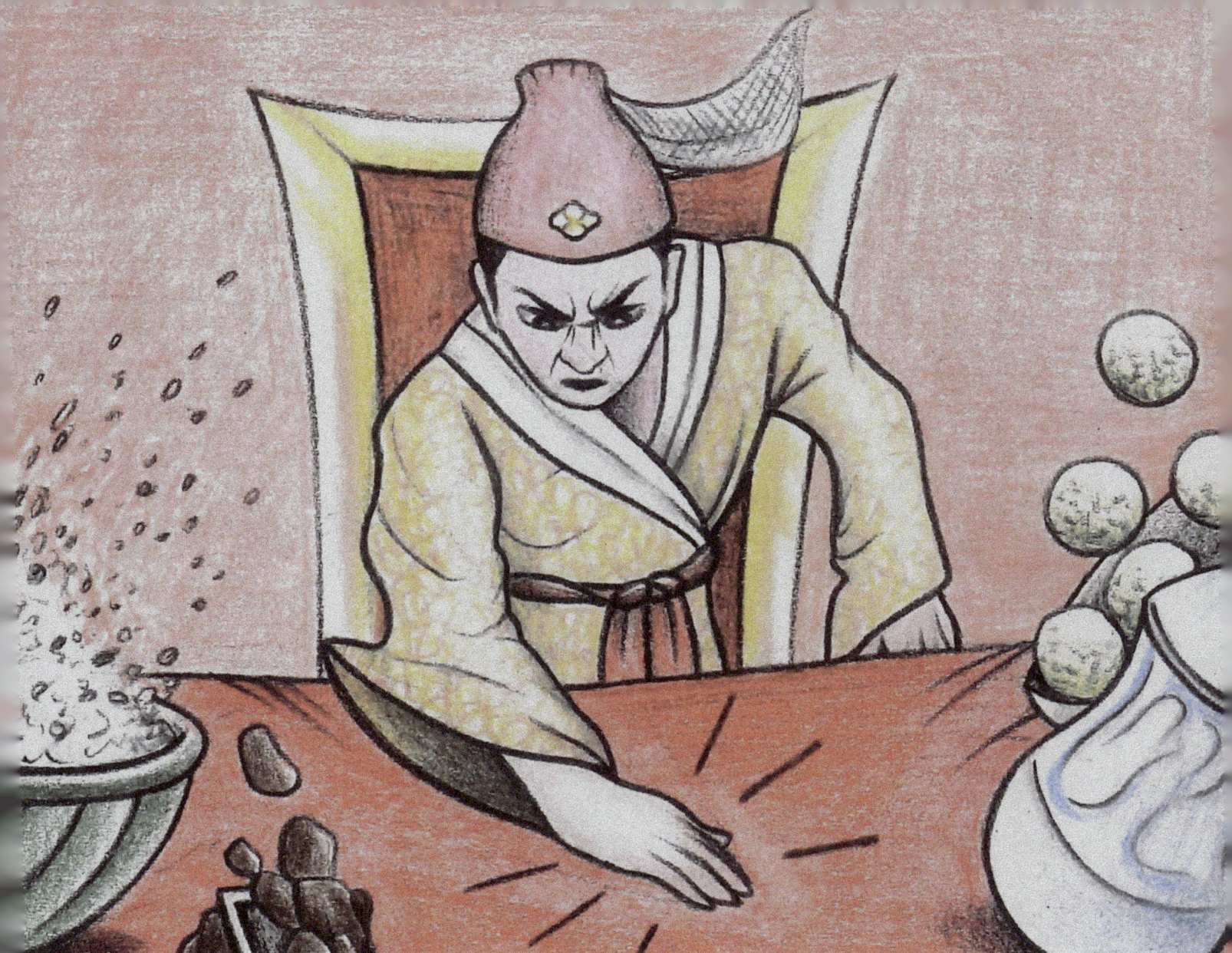

他愤怒地把手掌砸在桌子上，上面放着食物。

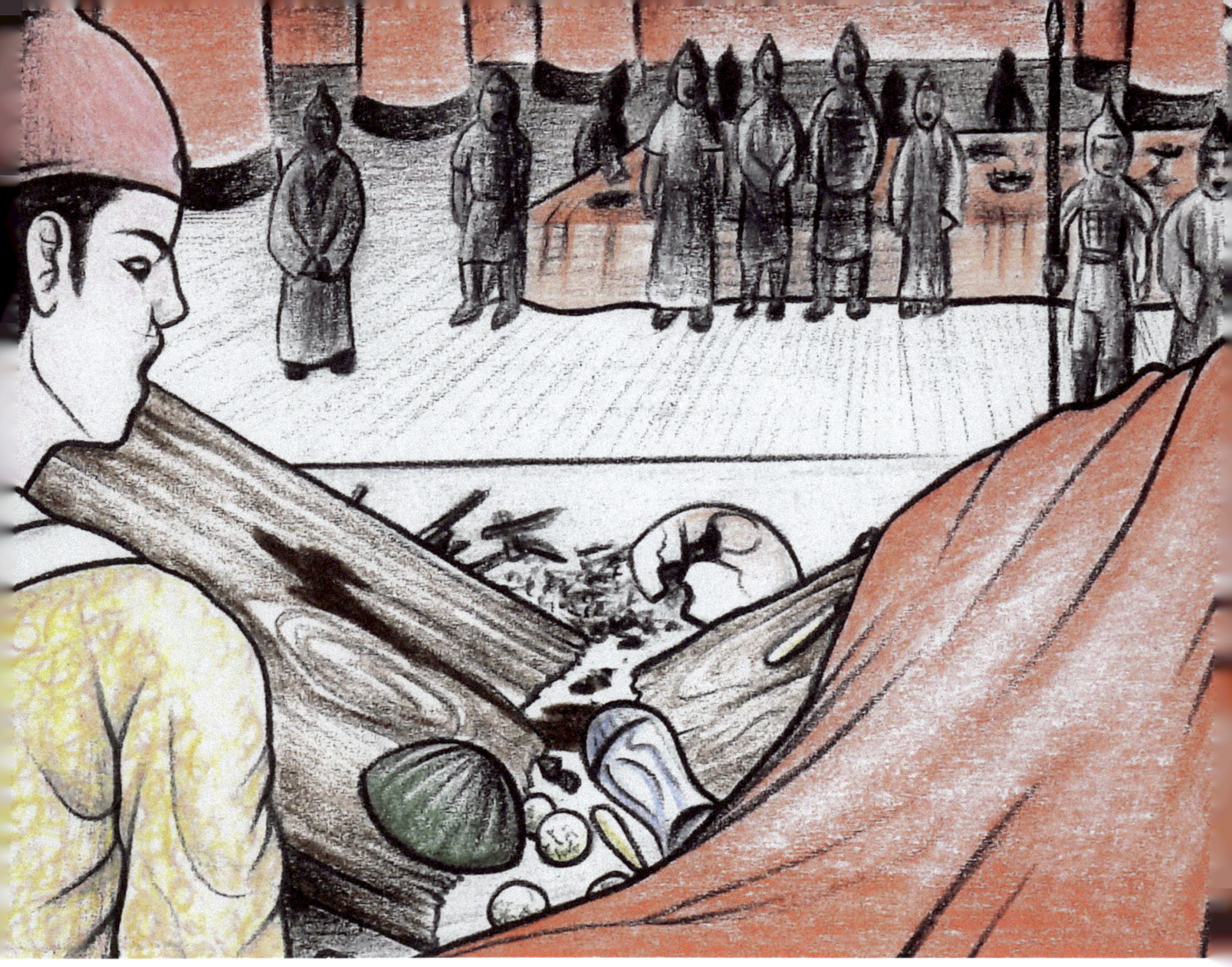

在场所有人都目瞪口呆! 太子没有意识到自己的能力, 也不相信他自己的力量, 只用手掌就把厚重的桌子劈成两半。

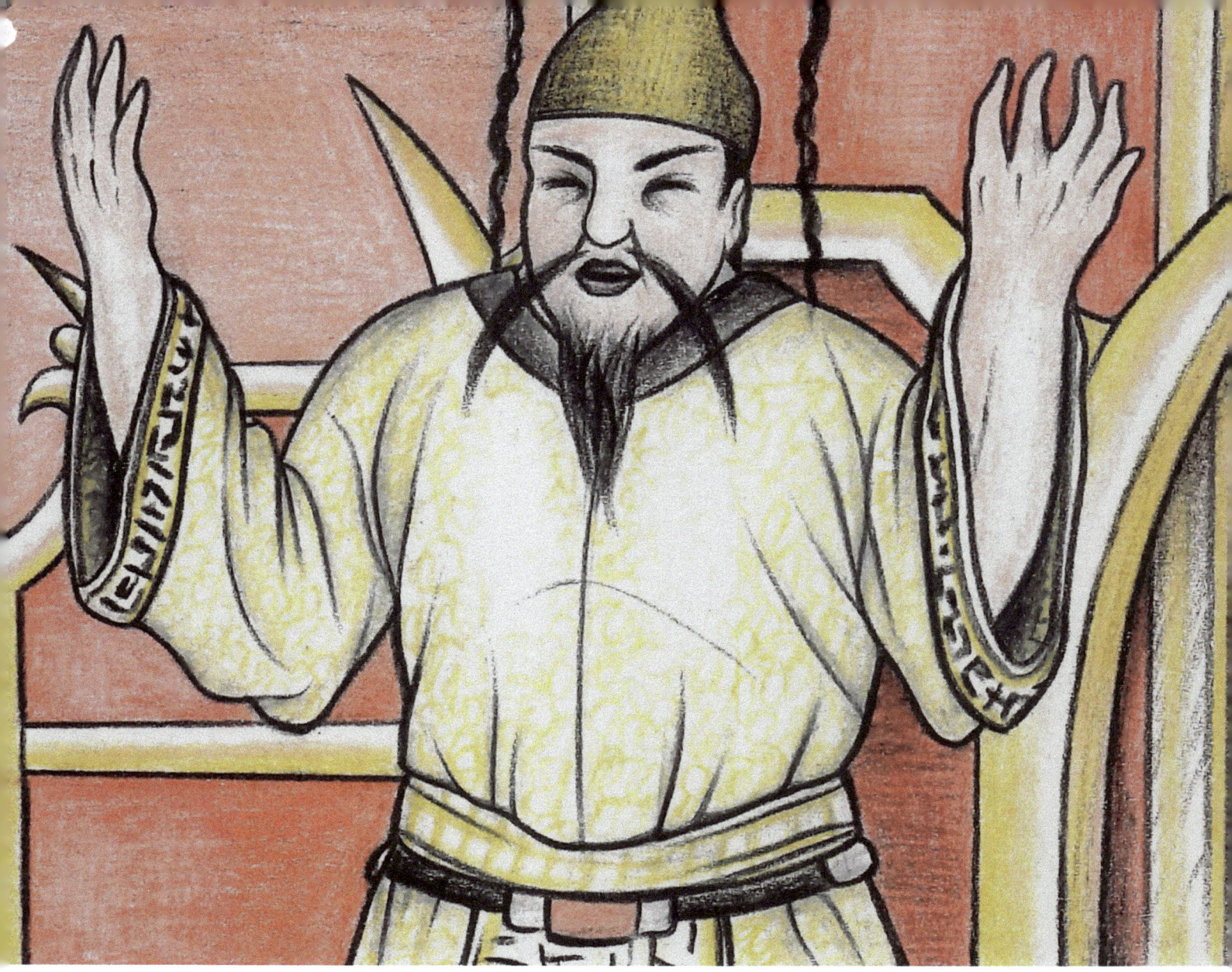

那皇帝惊呼一声, 对儿子充满了自豪: "这就是少林功夫, 全天下最有名的"。他们都爆发出欢呼和掌声!

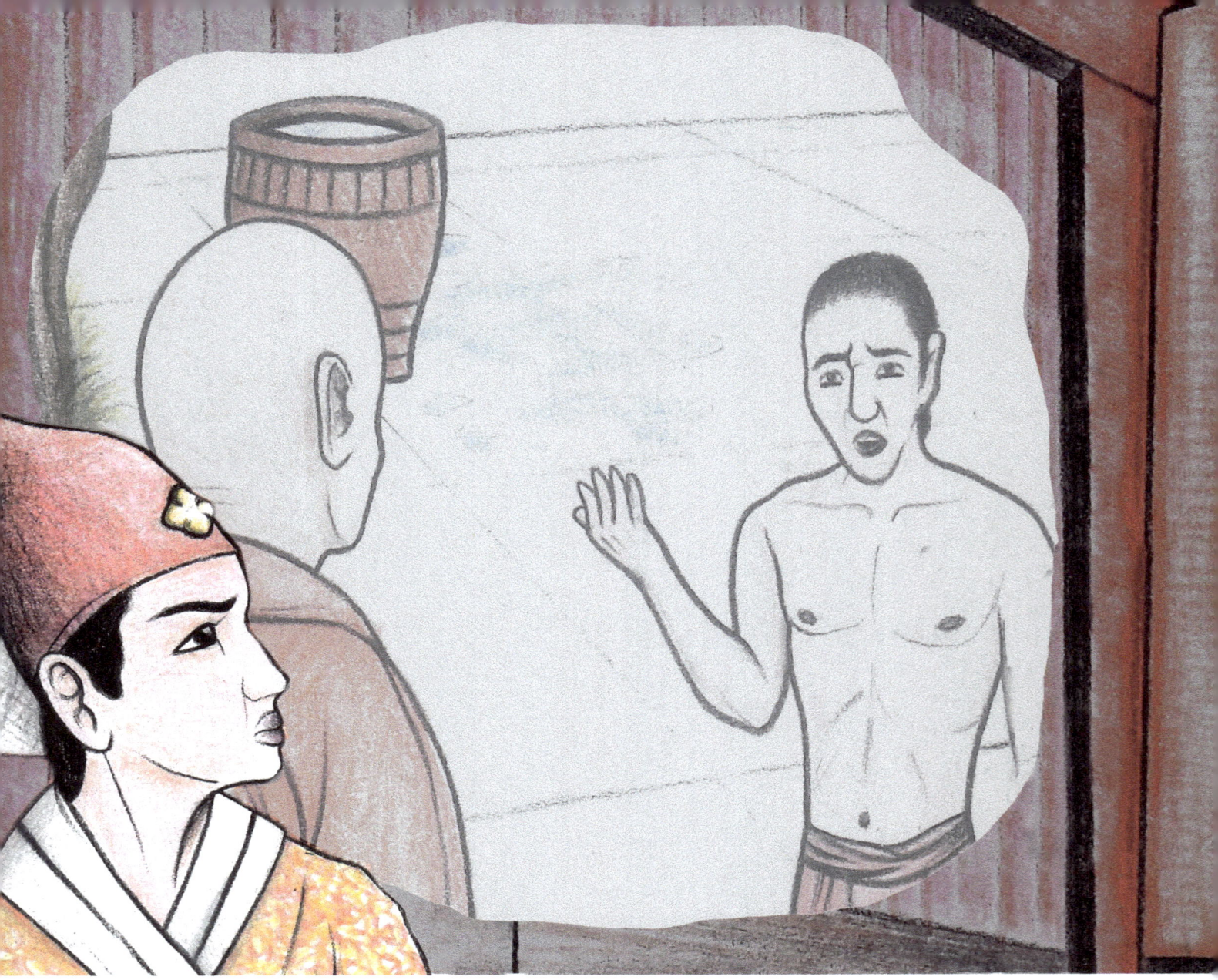

在这一刻，我们的英雄意识到了他睿智师傅的话。"永远记住，耐心和毅力唤醒了我们内心的力量而这两种美德必须永远陪伴着我们的人生。

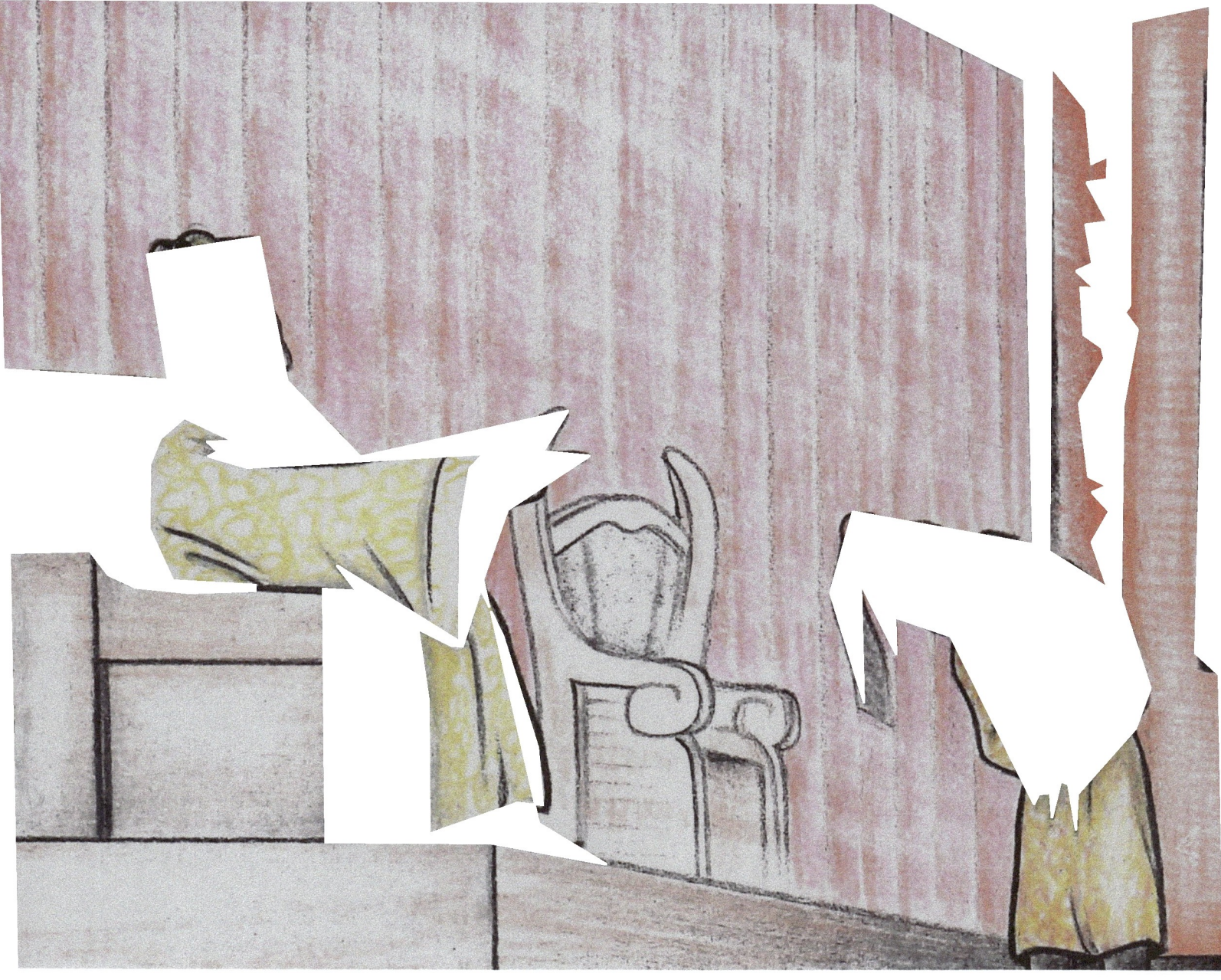

岁月流逝, 我们的太子变成了一个勇敢而明智的皇帝, 他有一个家庭, 在他的孩子中间, 他选中了一个继承皇位。当这个太子年满15岁时, 我们的皇帝决定送他去少林寺学武。。。但是在这里我们已经知道了故事的其余部分! 然后, 他们都从此过上了幸福的生活!

《太子和罐子》
童话 - 历史小说

作者:
妙滇, 钻石

插图:
Dimitrios Filios

艺术指导:
妙滇

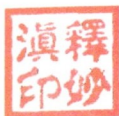

www.ingramcontent.com/pod-product-compliance
Lightning Source LLC
Chambersburg PA
CBHW041922180526
45172CB00013B/1355